なんてったって邦楽

おもしろ日本音楽

釣谷真弓・著

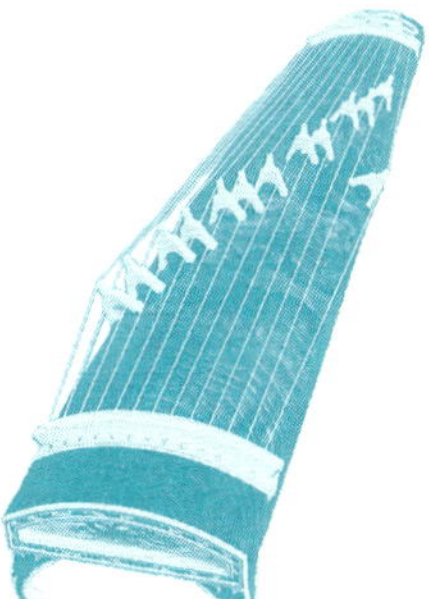

東京堂出版

はじめに

本年、元号が令和に改元となった。

「平成最後の」ということばを何度聞いたことだろう。その字のごとく、歴史のなかでは戦争のない穏やかな時代であった。

文化、芸能というのは、心に余裕のある落ちついた時代にこそ花開いて発展する。

私の処女出版である『おもしろ日本音楽史』（初版二〇〇〇年）は、おかげさまでこの世界では珍しく第六刷まで版を重ねていただいたが、昨年ついに絶版となった。

それまでは、日本音楽史に関してもちろん研究家の著書は多く出版されていて、私たちもテキストとして真っ黒になるまで活用させていただいた。しかし一般向けにわかりやすく、専門用語の一からかんたんに解説したものがなかったということで、一般、邦楽演奏家、教授者の方にずいぶん読んでいただくことができた。

それに代わるわかりやすい邦楽が主体のガイドブックとして、出版社よりお薦めいただいて執筆したのが、本書である。

前書出版から二〇年近くが経過し、内容的に変化していることも多く、邦楽界も大きく変わりつつある。中学校の音楽授業で必須となり、若手プロが活躍しているとはいえ、残念ながら実は邦楽界は衰退の一途をたどっている。邦楽にたずさわる人口、演奏会、後継者や専門家の数、邦楽楽器店の売り上げ等の推移は数字的にも明らかである。また象牙、三味線の皮問題もむずかしくなっている。


そのいっぽうで、邦楽が国際的に活躍する場も増えている。

昨年（二〇一八年）、中島一子氏を団長とするミラノ公演に参加する機会があった。ミラノ盲協会のサラ・バロッツィ、ミラノ市立音楽大学において日本音楽のレクチャーをしてきた。その他ワークショップ、コンサート（カーサ・ヴェルディと三ヵ所）という内容であったが、イタリアの一流音楽家たちに日本音楽がどのように受け止められるのかとても緊張したのだが、みな実に熱心に聞いて関心を持ってくれ、するどい質問が途切れないほどであった。

「作曲に日本の楽器も使いたい」

「ミラノに箏の先生はいないのか」

と熱い視線で訴えてくる人もいて、コンサート終了後もなかなか楽器を片付けることができないくらいだった。体験では、箏で《さくらさくら》を何も教えなくてもすぐに演奏していた。

また最近、仲間たちと頻繁におこなっている韓国や中国でのワークショップ、コンサートにおいても、かれらは日本の楽器、音楽にとても興味をもって接してくる。

箏や三味線よりグローバルに展開している尺八は、外国人の演奏家が多く、国際フェスティバル（二〇一八年はロンドンで開催）には世界の三〇ヵ国以上から二〇〇〇人を超える愛好者が集ま

ミラノ市立音楽大学にてレクチャーとコンサート（左・筆者）

ワークショップ

り、たいへんな盛り上がりをみせている。

地域の公民館でお話をしながらのコンサートでは、最後に日本の歌のメドレーをアレンジして演奏し、《故郷》をいっしょに歌っていただいたところ、多くの方が涙を流して感動してくださった。

──やっぱり日本の楽器、音楽は日本人の原点じゃないの⁉

と確信できるのである。

本文で述べているように、日本人が日本の文化をたいせつにしてこなかった（できなかった）いくつかの理由があるのだが、このままではどうなっていくのかという危機感を多くの関係者が抱いている。

それぞれ政治に働きかけたり、署名活動をしたり、ほとんどボランティアとして学校や子ども教室で指導したりと全国で関係者は必死にがんばっている。私ももちろん現場でも活動しているが、これまでの経験を生かして、さらに多くの方に訴えたいという気持ちから、今回の著書を刊行していただくについて、「現代の邦楽の抱える問題」がテーマとなった。

最近のレアな話題もふんだんにご紹介している。

とはいえ、本書を手にとっていただいた方にはこれまでどおり、気楽に楽しく日本音楽についてのお話につき合っていただきたい。演奏もし、講座で講義をし、学校で教えてきたときに述べたことを文字にしたつもりである。そして、少しでも興味を抱き、好きになっていただけたらこれに勝る喜びはない。

最後になりましたが、今回資料提供していただいた方々、編集でお世話になった東京堂出版の名和成人氏に心より感謝申し上げます。

二〇一九年　五月

釣谷真弓

第2章 おこと「箏」について（歴史編）

第7章 邦楽界のいま

第1章

コト・琴・箏

1、日本古来のコト

日本のものかと思っていたら、外国原産で日本に入ってきて次第に勢力を広げて大きなカオをしているものがある。

「日本の侵略的外来種ワースト一〇〇」というのをご存知だろうか。ちょっと物騒な名前である。日本生態学会が定めた、日本の外来種のなかで特に生態系への影響が大きい生物のリストである。哺乳類、鳥類、ハ虫類はじめ、植物、貝、回虫なんかまでいろいろな種類があげられている。原産国も世界中さまざまである。

アメリカザリガニやタンポポなどは知っていたが、こんなに多いとは…。日本のカントウタンポポVSセイヨウタンポポの闘いは「タンポポ戦争」とも言われているそうだ。

なかには、純国産かと思っていたニジマスやヤギも入っている。

日本国産のものは繊細でか弱くて、繁殖力の強い外来種に抵抗するには分が悪いようだ。

「侵略者」といえばインベーダー。コンピューターゲームのさきがけとなったのがインベーダーゲームだったのではないだろうか。

単純で「ピコピコヒュンヒュン」という音がかわいかった。

古代のコト

ところで、侵略ではないが、今では「和楽器」の代表格として学校教育で最も取り入れられている「おこと」にも、実は国産と外来種がある。

まず国産の「コト」であるが、古代の大和《やまと》ことばでは「コト」＝弦楽器の総称であった。同じように、「フエ」は管楽器、「ツヅミ」が打楽器を表した。（註1）

楽器の種類も多くなく、ボキャブラリーも少なかったので、弦を張って音を出すものはすべて「コト」であった。

「『箏《そう》の琴《こと》は、中の細緒のたへがたきこそところせけれ』とて…」（『源氏物語』「紅葉賀」）

「…など聞こえたまひて、琴《きん》のお琴《こと》召して、めづらしく弾きたまふ」（同「鈴虫」）

「でんでん太鼓に　笙のフエ」（子守歌）

というように、平安文学でも使われている。

「ヴァイオリンを弾く」というように、弦楽器に関する字には「弓」が含まれている。弓を使わない部族には弦楽器はなかったそうだ。「弾く」も「弓を引く」からきている。

もちろんピアノも弦楽器である。

原始の時代、今夜のごちそうの獲物を追いかけていたとき、弓の弦《つる》が何かに引っかかってビヨンと音がした。これはおもしろいと、ベンベンと鳴らしていたら、大きな弓と小さな弓で音がちがうではないか。そこで、大きな弓から順番にならべてベロベロと何本かの弦を鳴らして生まれたのが、弦楽器の原型だろう。

その形の楽器がハープ、ピアノ、箏《こと》の仲間である。

そのうち、ヒトが進化すると、弦の長さで音が決まることに気がついた。そして、一本の弦を押さえることによって、その長さを変化させた形が日本の一弦琴そのものであり、ヴァイオリン、三味線など弦数が少ない楽器となった。


写真は群馬県で出土した埴輪《はにわ》「弾琴男子像《だんきんだんしぞう》」（発見当時・現在は相川考古館蔵）である。土でできた埴輪ではあるが、気品があって端正であると感じたのは気のせいだろうか。

写真ではよく見えないが、顔や服に化粧や模様の紅色の塗料が残っている。ぽっかりとくり抜かれ、なんとなく上方を見つめている目が吸い込まれそうに深い。はるかな未来を思うのか、またはいっしょに埋められている死者の霊に語りかけているのだろうか。

弾琴男子像、埴輪集成図鑑、第10帝室博物館編
（国立国会図書館蔵）

この写真のものが日本古来のコトで、「やまとごと」（大和琴・倭琴）と分類している。このように膝の上にのるくらいの大きさであった。

尾部が弦を張るために突起状になっていて、その形から「鴟尾《しび》のコト」（鴟＝トビ）ともいう。五または六弦のものが出土しているが、六弦のものが多いので「六《む》つの緒《お》」ともよばれる。

いつも思うが、日本人の命名にはなんと美しい語が多いのか。「むつのを」とグループ名にしている邦楽集団もある。五弦琴は沖ノ島から、四弦と思われるコトが八戸市是川中居遺跡から出土している。どちらもアイヌのトンコリに似た〝ヘラ形〟の先が尖ったうすい板状である。

登呂遺跡から出土した弥生時代のコトの一部が登呂博物館で展示されている。よく腐らずに発見されたものだ。うっかりするとただの朽ちた木片と見過ごされかねない。

このコトが、現在でも日本古来の宗教である神道で用いられている〝和琴《わごん》〟の前身である。神社でおこなわれる〝神楽《かぐら》〟という音楽のなかのひとつの楽器である。

楓《かえで》の木の股の部分を〝箏柱《じ》〟(ブリッジ)として使用する。皮がついたままなのは、昔の形を保つ意味があるのだろうか。調弦が音高順でないのがおもしろい(五線譜参照)。

〝琴軋《ことさぎ》〟というヘラのようなもので、手前から、向こうから、ボロボロンと単純に弦をかき

登呂遺跡出土のコト(静岡県立登呂博物館蔵)

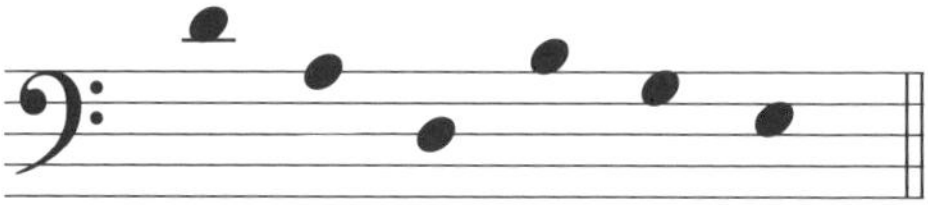

和琴の調弦例

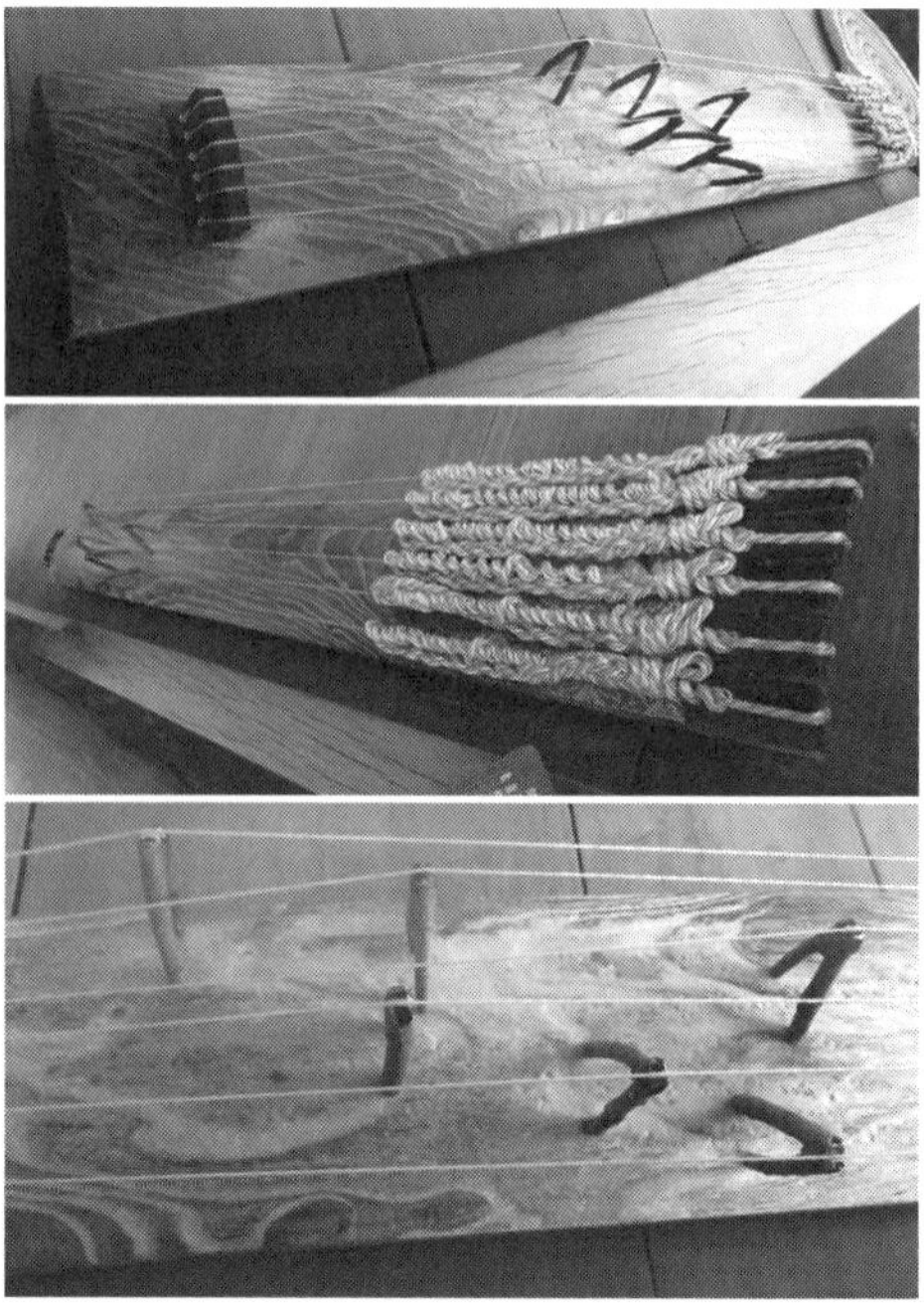

和琴

鳴らす奏法で、旋律楽器ではない。

Q&A 和琴は琴のなかま？　それとも箏のなかま？

⇓28頁参照

和琴は日本の神話にも登場する。

オオクニヌシノミコトが愛人のスセリヒメと駆け落ちする話が『古事記』に出てくる。ふたりが手をとって国を出ようとしたときに、太刀と弓矢とコトを持って逃げるのだが、コトの弦が木の枝にふれて音をたてたので、スセリヒメの父のスサノオノミコトに気づかれて追いかけられたとか。

駆け落ちするときに持ち出すくらいであるから、古代ではコトが単なる楽器ではなく、とてもたいせつなものであったことがわかる。現代だったらなにを持ち出すだろうか。貯金通帳かしら？

ただし、和琴は純国産の楽器というのに、現代の生活では身近に見ることができない。

神社でも楽太鼓や鞨鼓《かっこ》、笛は奏していても、和琴まで使っているところはあまりない。大きな神社では神前結婚式のときに神楽のなかで演奏している。でも最近は神社で結婚式を挙げる

伊勢神宮 御白石持行事・陸曳

カップルも珍しくなっている。

日本でもっとも「神の気」を感じる場所といえば、伊勢神宮と九州の高千穂だと思う。

伊勢神宮は、宇治橋を渡り、一歩境内に足を踏み入れた瞬間から、凛《りん》としたおごそかな雰囲気に身が包まれるのを感じる。

二〇一三年の式年遷宮《しきねんせんぐう》（第六二回。二〇年に一度新宮を造営し、神様がお引っ越しされる）では、私も「一日神領民《しんりょうみん》」として「御白石持行事《おしらいしもち》」に参加させていただいた。宮川河原で採集した「お白石」を陸曳《おかびき》（別の日に川曳もある）で運び、木の香がただよう新しい御正殿用地に敷き詰めるのである。

各奉献団おそろいの法被《はっぴ》を着て、約一七〇メートルの二本の綱を、八〇〇人の老若男女がかけ声をかけながら曳く。団によっていろいろな特徴があるようだが、途中、綱を上下に揺らし、

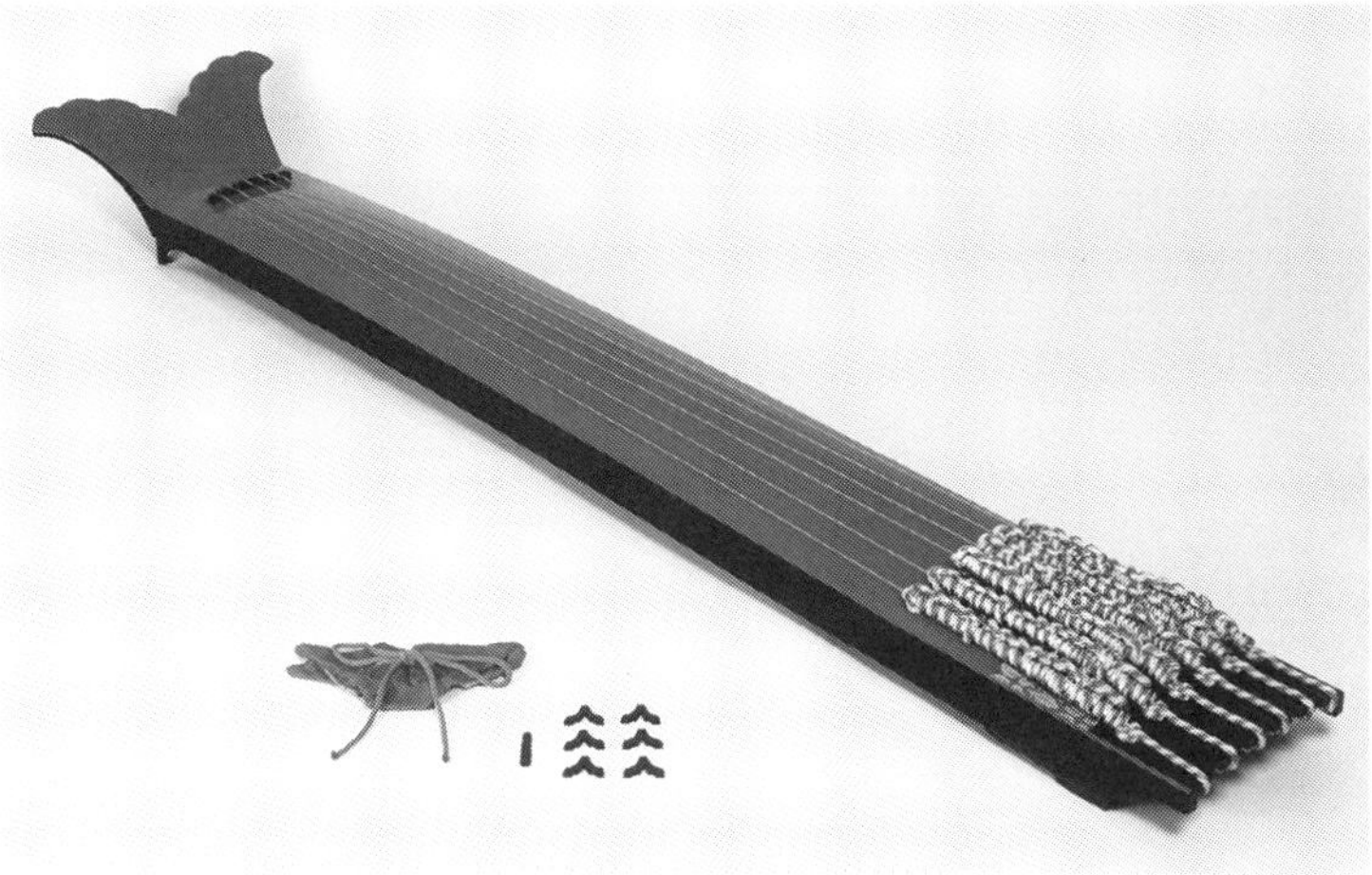

鵄尾御琴（神宮徴古館蔵）

寄せては離れる「練り」は圧巻で、徐々に高揚感を増していく。木遣《や》り唄などの芸能もその一部である。

七世紀から続いているという歴史をもつ行事である。伝統の重さと誇りのなかに身をおく緊張感と、おごそかさを感じた。自分がそっと置いた石が、二〇年間神さまのおそばで静かに息をしていると思うと、厳粛な気もちになった。

音楽にもどろう。

伊勢神宮の入母屋《いりもや》造りの内宮神楽殿において「大々御神楽《だいだいみかぐら》」を奉納、拝観する機会があった。専属の神宮楽師の方々が左右向い合って座り、神楽笛《かぐらぶえ》、篳篥《ひちりき》、和琴、笏拍子《しゃくびょうし》による楽が演奏されるなか、〝倭舞《やまとまい》〟〝人長舞《にんじょうまい》〟などを舞う。

和琴のまったりとした六弦の音が、その空間を神と対話する場所に変える。

けだるいような笛の旋律と、「パシン」と空気を裂く笏拍子の音で、魂が体から抜け出して時間がとまるような感覚をおぼえる。

神宮の宝物館（神宮徴古館）には、御神宝である「鵄尾御琴《とびのおのおんこと》」という大きなコトが展示されている。全長二七〇センチ近い大型のもので、甲は朱、側面は黒の漆で塗られている。一九七三年の式年遷宮の際に、神様の新しい調度品として奉納された。「延喜式」に載っている寸法どおりで、実際に演奏されたものではない。

古典の《御山獅子《みやまじし》》はじめ、宮城道雄の《五十鈴川《いすずがわ》》など伊勢神宮を題材とした箏曲がある。

（註1） 現在の楽器分類法では「弦鳴《げんめい》楽器」、「気鳴《きめい》楽器」、「体鳴《たいめい》楽器」または「膜鳴《まくめい》楽器」。

2、外来の「こと」 琴と箏について

では、国産に対して外来種の「こと」は何かといえば、〝琴〟と〝箏〟である。

あるとき、依頼された講演の演題に「コト・琴・箏について」と書いたら、当日司会の方が

「あの、これなんて読めばいいんでしょう？」と聞いてきた。

「ことことこと、でいいんです」

と答えたが、一般の人にとっては「？？？」だったにちがいない。

琴と箏は両方とも楽器の「こと」なのだが、音読みでは「キン」と「ソウ」である。侵略生物のようにいつの間にか人や輸入品にくっついて日本に入ってきたのではなく、どちらもれっきとした文化交流で堂々と奈良時代に中国からやってきた。


一般に私たちが目にして弾いている「おこと」という十三弦の楽器は箏の字を用い、その音楽のことを「箏曲」、パートは「第一箏」、「箏曲界」などと使う。

箏については第2章でくわしく述べる。

でも、楽器屋さんの登録名にも使っているし、ふつう「おこと」といえば浮かぶのは「琴」の字。ではどうちがうのか。

Q&A 琴と箏はどうちがう？

琴類の、箏のなかまとの一番の違いは、箏柱《ことじ》を使わずすべて左手で「徽《き》」というポジションを押さえて音を作ることだ。

琴《きん》は七弦で「七弦琴《しちげんきん》」ともいう。

弦をはじく右手の指に爪はつけない。

平安時代の貴族にはとても好まれて、平安文学によく登場する。初期の長編物語で、『源氏物語』にも影響を与えたとみられている『宇津保物語《うつほ》』は、全編が琴の伝承の話である。主人公の清原俊蔭《きよはらのとしかげ》を中心に、琴がたんなる楽器ではなく、やはり特殊な霊力をもつものとして扱われている。たとえば、

「俊蔭の娘とその子が武士たちに襲われたとき、伝授された琴を弾くと山がゆらぎ、兵たちは崩れる土砂の下に埋もれてしまった」

「その特別の琴を弾いたら、月星が騒ぎ氷や雪が降り、ついには天人が降りてきて舞った」

というように、しばしば天変地異《てんぺんちい》や瑞相のきっかけとなって登場する。
こういう精神性の高さは、和琴《わごん》とも共通している。

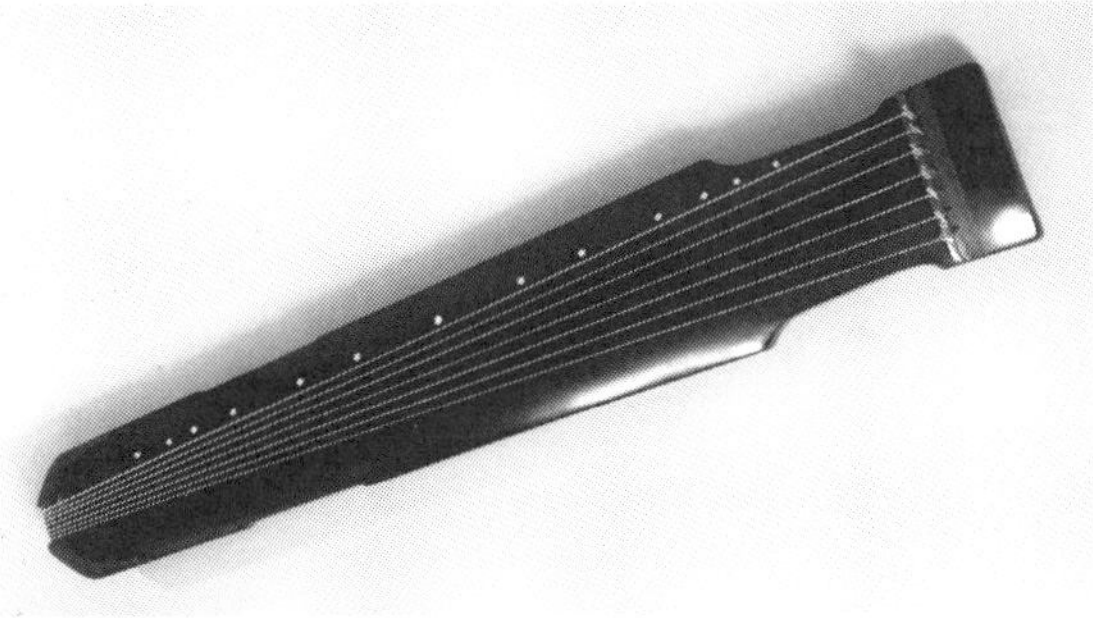
七弦琴

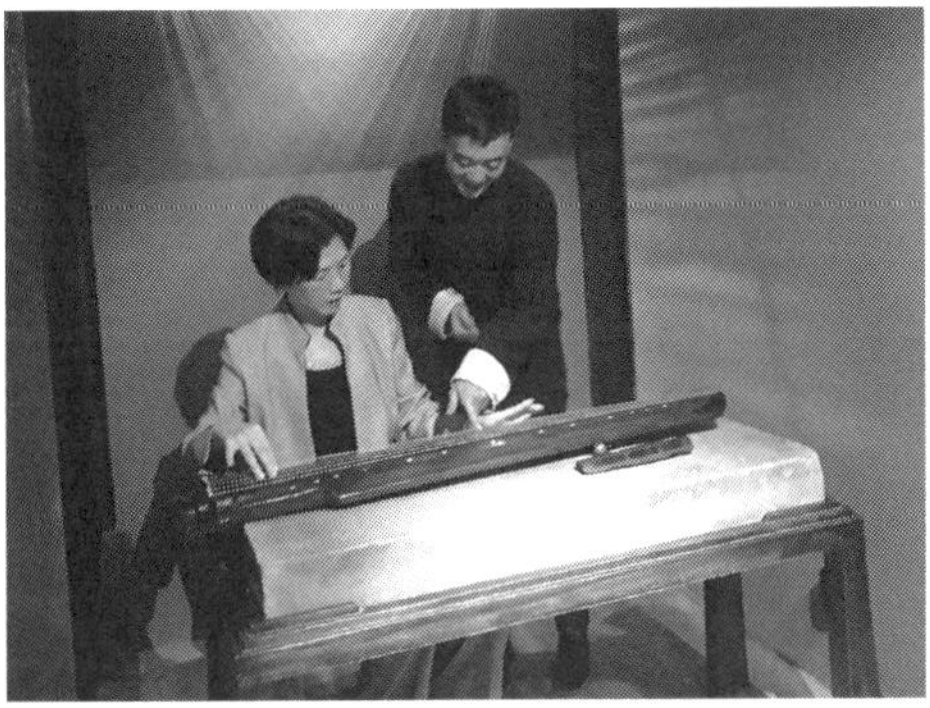
古琴を習う筆者（西安にて）

「琴棋書画《きんきしょが》」（琴・囲碁・書・絵画）とは中国の文人にとって必須の四種の教養である。
古文の中に「琴」とあればこの楽器をさすのだが、十三弦の箏と勘ちがいされていることが多い。
しかし七弦琴は日本では平安時代後期に廃《すた》れてしまい、江戸時代になってわずかに儒者などが弾いていた（岸辺成雄著『江戸時代の琴士物語』参照）。
一方、ふるさとの中国で

は、〝古琴《クーチン》〟といって現在でも盛んに演奏されている。

琴の仲間

日本で琴《きん》のなかまとして現在までおこなわれてきたのは、〝一《いち》弦琴《げんきん》〟と〝二弦琴《にげんきん》〟である。

どちらも左手でポジションを押さえてはじいて音を出す。それぞれ「須磨琴《すまごと》」と「八雲琴《やくもごと》」という美しい別名をもっている。

ひとことで言えば、柱《じ》（ブリッジ）を使って音を合わせるのが「箏」のなかま、柱を用いずポジションを押さえるだけで音を作るのが「琴」のなかまである。なので、和琴は「琴」の字が入っているが、「箏」のなかまである。

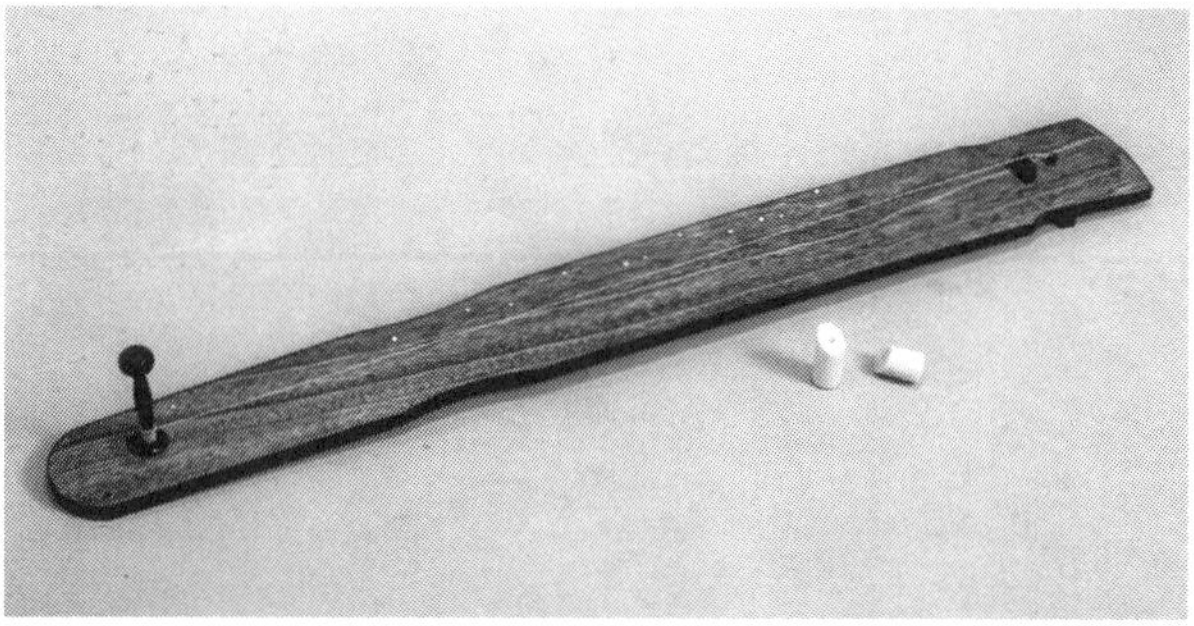

一弦琴

「一弦から二〇弦まで」というテーマでコンサートを企画したことがある。一弦琴、箏、十七弦、二〇弦箏（124頁参照）の奏者に独奏してもらい、比較した。

一弦琴は「清虚洞一絃琴《せいきょどういちげんきん》」という派の家元、峰岸一水氏を招いて演奏してもらった。

二弦琴

材質は箏と同じ桐材で、薄い一枚の板に一本の弦を張るだけの素朴な楽器だ。右手人さし指と左手中指に、筒状の〝芦管《ろかん》〟をはめて演奏する。

軽くて持ち運びに便利なのはわかっていたが、何がうらやましかったかといえば、調弦がアッという間にできてしまうことだった。私たちの箏は十三本の弦をチューニングしなくてはならず、しかも曲の途中で箏柱《ことじ》を移動させる転調があるとその印もつけるので、準備にとても時間がかかるのだ。

音程を決めるポジションは、箏曲の基本とおなじ都節音階《みやこぶしおんかい》（ミ・ファ・ラ・シ・ド）である。

古典曲には必ず歌がある。楽器の印象から、素朴でゆるやかな音楽かと思っていたら、トレモロ奏法なども駆使して盛り上がる部分もあり、想像以上に音量も大きい。

宮尾登美子著『一絃の琴』は、著者の出身地である土佐に伝わる一弦琴の流派をテーマにした小説である。

二弦琴のほうは、一八二〇年、中山琴主《なかやまことぬし》という人が、出雲大社などに献奏する音楽の楽器として創案した。一弦琴を改作されたと考えられ、二弦あるが同じ音に調律するので複弦の一弦琴といえる。

奈良の明日香村の飛鳥寺で伝承されており、拝観したときに見せていただいた。ここは鞍《くら》作止利《つくりのとり》の作で有名な、わが国最古の仏像である飛鳥大仏をご本尊としている。

もう亡くなられたが、ご住職であった山本震琴氏（一九〇三〜八八）が二弦琴（八雲琴）の演奏家で、楽譜を刊行するなど活躍された。

この二弦琴にピアノの鍵盤装置を合体させたのが、大正時代に考案された〝大正琴《たいしょうごと》〟である。手軽に歌謡曲などを演奏できるのでたずさわっている人口は多いが、この字を用いているとはいえ琴のなかまとは言いがたい。

ではなぜ「琴」と「箏」が混同されているのかというと、「箏」の字が当初より常用漢字にふくまれていないのが原因である。なので「こと」といえばこれまですべて「琴」が用いられてきた。

しかし、二〇〇二年に文部科学省の指導要綱で、中学校の音楽の授業に和楽器習得が必修となってから、教育現場に「おこと」がさかんに取り入れられている。教科書にも、ページの冒頭に大きく「琴と箏のちがい」と載っている。専門家や研究家ももちろん完全に使い分けている。

でも、お店で領収書の宛名を書いてもらうときに、

「○○箏曲連盟……〝そう〟は竹カンムリのおコトです」

といってもほとんどわかってもらえない。「箏」の字が一般に浸透するにはまだまだ時間がかかりそうだ。

早く「箏」も常用漢字に入れてもらうように、国語審議会に要望しようという動きもある。いっぽうでは、「琴」は昔から習慣的におことをさす字であったのだから、これでもかまわないのではないかという意見もある。しかし、音楽学的には異なる楽器を指すのだから、きちんと区別したい。「箏」の字が使えない印刷物やジュニア向けの場合は「こと」でよい。

3、正倉院宝物にみる和楽器のルーツ

正倉院のスター

どれだけこの再会を待ちわびたことでしょう。

あれ以来、あなたの写真を見つめては、出るのはため息ばかり。再びお会いできる日がくることを、毎日心に願って暮らしておりました…。


私の「いとしの君」は正倉院宝物のスター、世界でたった一人しかいない貴公子である。その名は「螺鈿紫檀五絃琵琶《らでんしたんごげんびわ》」。ちょっとお名前をよぶのがむずかしい。

初めてお会いしたのは一九八一年。そして二〇一〇年十月、毎年恒例の「第六二回正倉院展」（奈良国立博物館）で三〇年ぶりにお目にかかることができた。

琵琶にはペルシア系の四弦、インド系の五弦の二種類があるが、この正倉院のスターが世界で唯一存在する五弦琵琶なのである。ほかには、シルクロード沿線のキジル石窟《せっくつ》（第八窟）、敦《とん》

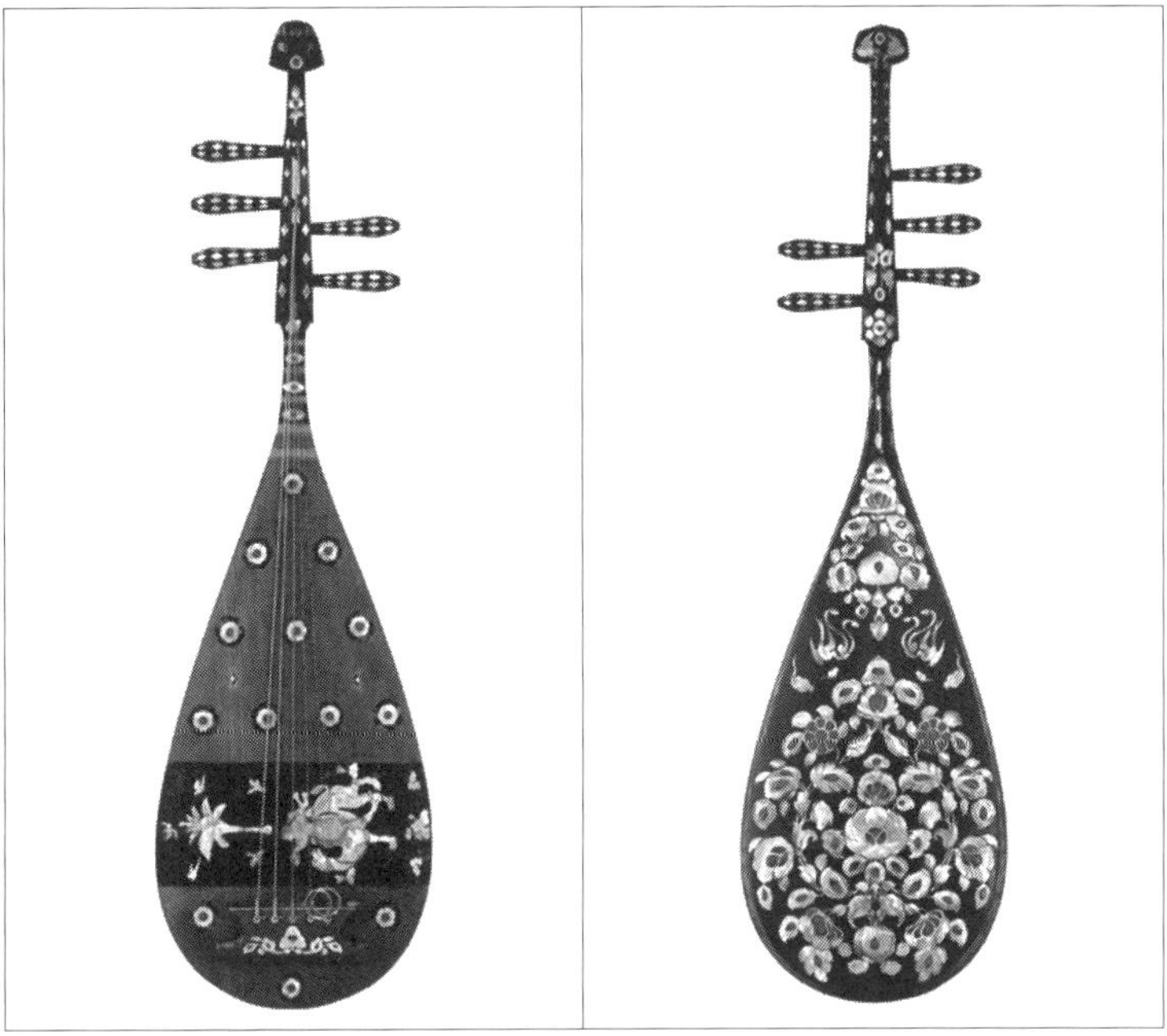

螺鈿紫壇五絃琵琶　表・裏（宮内庁正倉院蔵）

煌莫高窟《こうばっこうくつ》などの壁画に描かれているのみである。この莫高窟第二二〇窟（初唐時代）の壁画を見るために、敦煌まで出かけた。そこはまさに、多民族文化の粋が凝縮、具現された「奇跡の美の殿堂」であった。

　しかも、ふつうの琵琶はその祖先であるウード（アラブ音楽に使われる楽器）とおなじく、首が大きく曲がっているのだが（曲頸《きょくけい》）、これはまっすぐの〝直頸《ちょっけい》〟という点も大きな特徴である。これもキリリとしてカッコいい。

　紫檀《したん》の槽《そう》（胴）に、螺鈿《らでん》細工で熱帯樹、飛鳥、唐花文《からはなもん》が描かれる、花や葉は琥珀《こはく》やベッ甲を用いて透かし

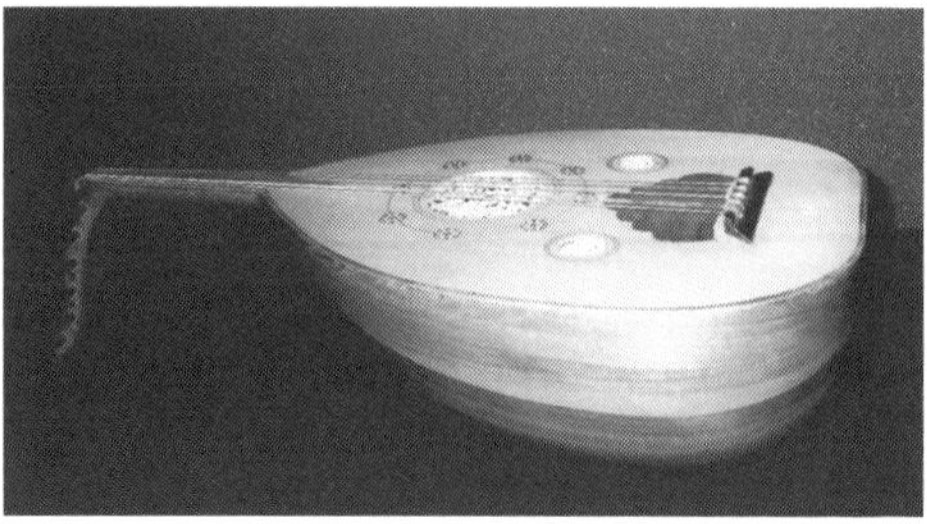

ウード

にしてある。リボンをくわえて飛ぶのは含綬鳥《がんじゅちょう》。おもしろいのは、表面に描かれている、ラクダに乗った西域人が奏でるのが四弦琵琶なのである。

丸めた二本のスペアの糸が、糸を結んで止めてある胴の部分にはさまれている。

奈良国立博物館のその特別スペースには、宮内庁の雅楽師の方が実際に弾いて、収録した音が流れていた。音源は一音ずつであったが、この琵琶を抱えて奏でた天平人の姿が目の前にうかんできた。

まさしくこの琵琶は、一二〇〇年経った二十一世紀の現在でも生きて、音楽を奏でようとしていた。

このときは、「白絃《はくげん》」「斑絃《まだらげん》」と書かれた琴の弦や、箏の弦、また箏柱《じ》や弦を入れた容器も展示されていた。

正倉院楽器

Q&A 正倉院ってなーに？

「正倉」とは奈良から平安時代にかけて造られた政府や寺院などの財物、什宝《じゅうほう》などの資材を保管する「重要な倉庫」という意味で各地にあった。「正倉院」とは正倉が建ちならぶ区域のこと。

今では東大寺の西北にある北倉、南倉（校倉《あぜくら》式）と中倉（板倉式）が残るのみである。東大寺創建の七五二（天平勝宝四）年前後の建造で、明治時代に東大寺から皇室に管轄が移された。光《こう》明《みょう》皇后が献納した聖武《しょうむ》天皇の遺品を中心に、東大寺の移納品など約九〇〇〇点の宝物が納められている。

毎年正倉院の膨大な所蔵品を、順番に虫干しをかねて一般に公開しているのが「正倉院展」である。

二〇一四年五月に一〇〇年ぶりの正倉院大修理が完了し、その校倉造りの端正な姿を久しぶりに見ることができた。八世紀の品々が奇跡的にこれだけ完全に保存されていることは、この

正倉院　正倉（宮内庁正倉院）

建物のおかげといってよい。

その宝物のなかには、この有名な琵琶をはじめ、十八種七五点の楽器が収められている。

「正倉院に現存する楽器」

弦楽器	琴《きん》（七弦琴）・瑟《しつ》・箏《そう》・新羅琴《しらぎごと》・和琴《わごん》・箜篌《くご》・琵琶・阮咸《げんかん》・五弦琵琶・七弦楽器
管楽器	尺八・横笛《おうてき》・笙・竽《う》・簫《しょう》
打楽器	腰鼓《ようこ》（呉鼓《くれつづみ》）・二ノ鼓・方響《ほうきょう》

八世紀の楽器が、これほどの大きなコレクションとしてほとんど傷《いた》むことなく一堂に現存しているところは、世界でもほかに類がない。

お気づきと思うが、ここに弦楽器の琴（七弦琴）、箏、和琴《わごん》、琵琶、管楽器の尺八、笙、横笛《おうてき》という、その後発展してさかんにおこなわれている和楽器がみられる。

そして、日本では伝承されず幻となった楽器もあれば、新羅琴《しらぎごと》のように現在の韓国の伽耶琴《カヤグム》の祖である楽器もある。

〝阮咸《げんかん》〟は「竹林の七賢人」の一人、阮咸が愛したといわれる丸型の胴をもつ楽器で〝月琴《げっきん》〟の祖とされ、〝箜篌《くご》〟は二十三弦の竪型ハープであるが残欠しか残っていない。尺八といっても現在のものとは異なり〝正倉院尺八〟とよばれ、竹製五本のほか玉《ぎょく》、石、象牙製など計八本がある。七弦楽器、簫《しょう》、二ノ鼓、方響《ほうきょう》はその後伝えられていない。これらは皆、莫高窟の壁画で生き生きと奏でられていた。

二〇一七年に上海で開催

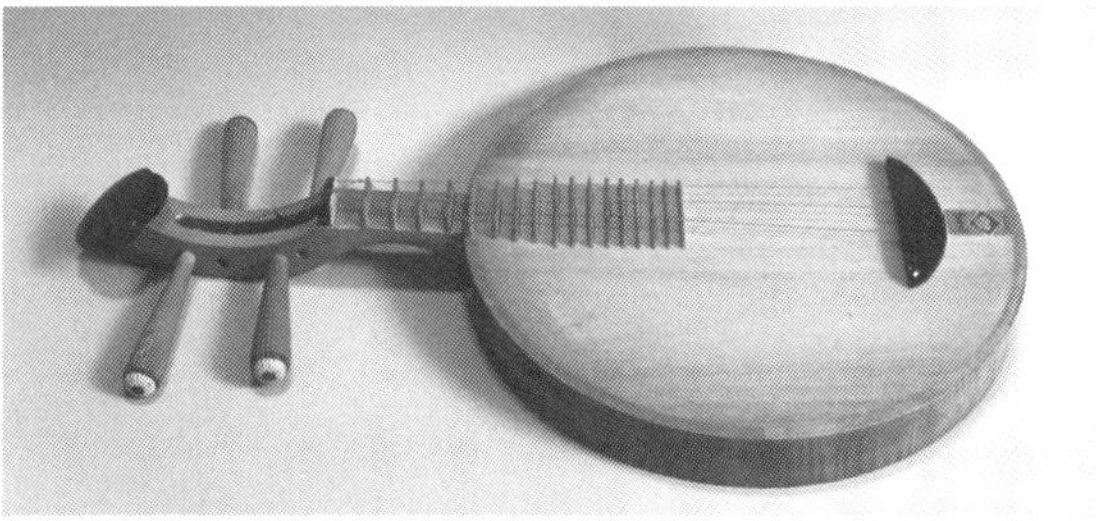

月琴

商品の箜篌

された「ミュージックチャイナ（大楽器博覧会）」の民族楽器館では箜篌の特別展が企画され、さまざまな装飾の箜篌が商品として展示されていた。

毎年の正倉院展では、このなかから数種類の楽器、伎楽《ぎがく》（註2）の面や装束が展示される。私はもちろんこれがお目当てだ。ほかにどんな目玉があっても、楽器類は人気を集めている。最近の五年間の出陳品である。

平成二九年（第六九回）玉《ぎょくの》尺八、樺纏《かばまきの》尺八、漆槽《うるしそうの》箜篌、同模造、伎楽面三種ほか
平成二八年（第六八回）竽《う》、笙、
平成二七年（第六七回）紫檀木画槽《したんもくがそうの》琵琶《びわ》、彫石横笛《ちょうせきのおうてき》、彫石尺八《ちょうせきのしゃくはち》、漆鼓《うるしのつづみ》、伎楽面三種
平成二六年（第六六回）桑木阮咸《くわのきのげんかん》、同袋、伎楽面三種、楽舞用装束ほか
平成二五年（第六五回）檜和琴《ひのきのわごん》　尺八　横笛《おうてき》　伎楽面三種

平成三〇年（第七〇回）には、新羅琴や磁鼓とともに、それまで正体不明であった「七弦楽器」が出展された。琴類であるが、左側に三味線のような糸巻きのある珍しい構造である。タイのチャケー（鰐琴）に似ていると思った（こちらはフレットがあるが）。

チャケー

七五二（天平勝宝四）年四月九日、奈良・平城京において催された「東大寺大仏開眼会《かいげんえ》」は、歴史的な空前の大イベントであった。ようやく国家としての体裁を整えてきた日本が、近隣諸国に国威を宣伝する目的もあり、文武百官、一万人の僧侶が参集、数百人の楽人舞人によってそれまでに伝来していたアジア中の舞楽が披露された。

八角燈籠《とうろう》の前にしつらえられた舞台では、三国楽《さんごくがく》（朝鮮半島三国）、唐楽《とうがく》、散楽《さんがく》、伎楽《ぎがく》、林邑楽《りんゆうがく》、度羅楽《とらがく》（註3）が、絢爛《けんらん》たる絵巻物のようにくり広げられた。このときに使われた楽器や装束なども納められている。

四月九日が「大仏の日」と指定されていることを最近知った。

大仏殿前の「金銅八角灯籠《こんどうはっかくとうろう》」（国宝）は天平時代そのままの現存最古の銅製の灯籠である。その火袋八面のうち一面おきに、古代楽器を演奏する「音声菩薩《おんじょうぼさつ》」のレリーフ立

金銅八角灯籠・音声菩薩

像が鋳造されている。横笛、尺八、銅鈸子《ばっし》（シンバルのような打楽器）、竽を奏でる菩薩が浮き彫りになっている（ほかの四面は獅子のデザイン）。

観光客は案外これに注目せずいそいそと大仏殿に入ってしまうが、大仏や大仏殿は何度か戦禍にあっており、天平時代のものではない。

ある演奏家が中国に行ったときに、「ここがふるさとであるはずの十三弦の箏はどこに行けば見られるか？」と質問したところ、「正倉院」との答えが返ってきたそうだ。

多くの和楽器のルーツである中国では、民族楽器はほとんど形を変え弦はスチール弦を用い、古曲といってもせいぜい古くて十九世紀のものまでしか残されていない。

古《いにしえ》を尊重して伝統を重んじてきた日本人の民族性であろうか。音楽のみでなく、古代中国文化の研究には正倉院宝物が貴重な史料となっている。

(註2) 伎楽……呉楽《くれがく》ともいい、呉国の楽といわれる。野外でおこなわれた喜劇の要素をふくむ仮面劇で、師子《しし》、酔胡王《すいこおう》、酔胡従《すいこじゅう》、崑崙《こんろん》、呉公《ごこう》、呉女《ごじょ》、迦楼羅《かるら》など十四の役がある。六一二年に百済の味摩之《みまし》が伝えたとされる。

(註3) すべて六世紀から八世紀にかけて大陸、朝鮮半島から渡来した芸能。散楽は中国で流行した曲芸、手品、幻術の類。58頁註4参照。

4、シルクロードから伝わった楽器たち

それぞれの楽器の発祥地はどこかという質問の答はたいへんむずかしい。

川を逆流するサケのように、和楽器のルーツをさかのぼっていけば、多くが朝鮮半島、中国からさらに西域、古代中近東へとたどることができる。それらは現在の日本文化の源ともいえ

ブドウ棚の下での民族楽器演奏

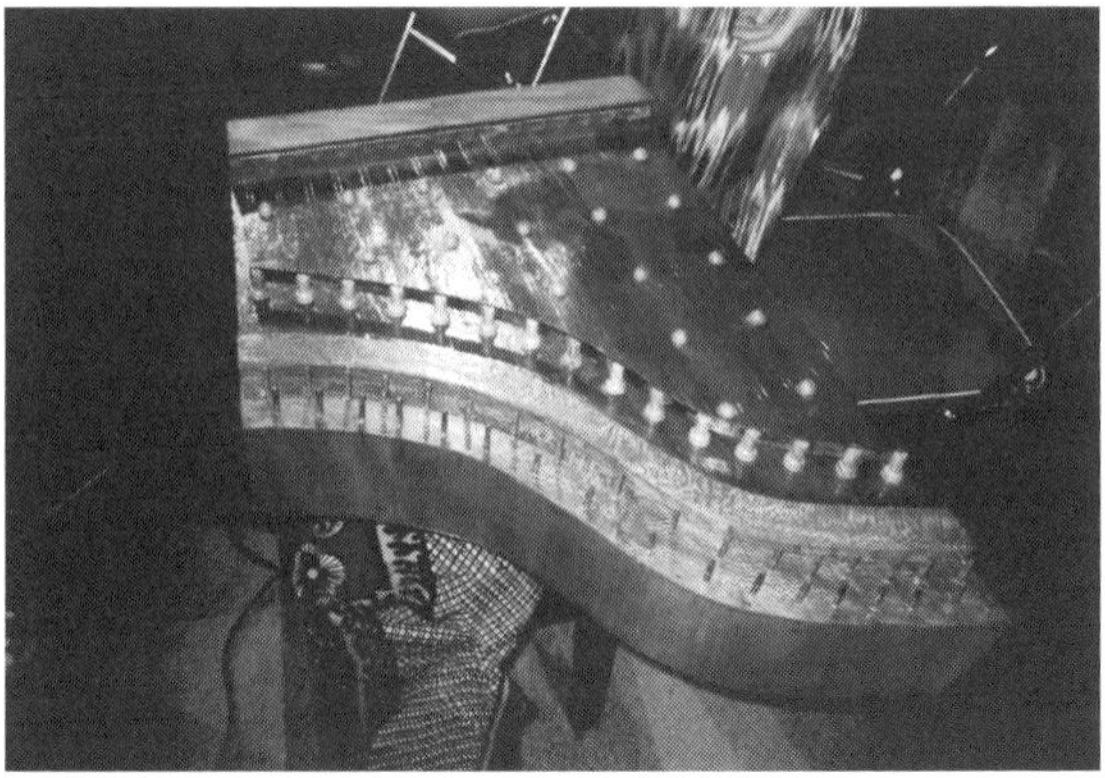
サントゥール

る文化、思想、文物とおなじく「絹の道（シルクロード・絲綢之路）」を通ってやってきた。

シルクロードに沿って何度か旅をしたが、「歌と踊りの民族」とよばれるウイグル族のように、ほんとうにどこの地域にも音楽と楽器が人々の生活に根付いていた。

必ずといってよいほど羊の肉（これがサイコーにおいしいのだ）が出る食事のときには、毎回だれかがセタール、ドタール、ダプなどの民族楽器を奏で、歌い、踊る。それがパオのような大きなテントの中であったり、ブドウ棚の下であったり、ログハウスだったり、とさまざまだった。

陽関跡

中央アジアの民族は遊牧、騎馬民族のため、残念ながら琴・箏のなかまは見かけない。ツィター属（註4）では、アラブ音楽にサントゥールという打弦楽器があるくらいだ。

「当時のシルクロードの跡」と教えられたのは、見わたすかぎり何もない大地に続く、砂利混じりの踏みかためられた細い道であった。

王維《おうい》が「西の方陽関を出ずれば故人無からん」と詠んだ陽関の関跡では、その心細さを十分に感じることができる。旅人がこれから向かうタクラマカン砂漠の名は、「一度入ったら出られない」という意味をもつ。ここから一歩踏み出せば、生きて帰れるかどうかもわからなかった。

そこを「砂漠の船」であるラクダの隊商が、さまざまな民族の文化を西に東に運んだ。それは絹や貨幣や焼物といった文物のほかに、宗教や思想、音楽文化もふくまれた。

長安に向かうオアシスで、ラクダに運ばせた荷をおろして、大声で織物や家畜の商談を交わす商人たち…。ハミウリ売りが小型のナイフを手にして、カゴに入れた果物を切って渡している。

外の水飲み場にラクダをつないだ石造りの隊商宿からは、女たちの黄色い声…。二階建ての回廊部屋に囲まれた中庭では、梨型の胴の楽器をかかえて歌う男とそれに聞き入る人々…。歌声が果てしない大地を這い、夜空の星にのぼっていく。

隋、唐一〇〇〇年にわたっての都である長安（現・西安市）。八世紀ごろは人口一〇〇万を超える、世界的な大都市だった。

西から天山、崑崙《こんろん》の山地を、シリア、タクラマカンの砂漠を、あるいは南海の波濤《はとう》を船に乗って、多くの人が集まってくる。ペルシア人、ソグド人、突厥《とっけつ》人、ウイグル人など、碧《あお》い眼、茶色い眼、髪の色もさまざまな人たちが、色鮮やかな民族衣装を身にまとい、都大路を行きかう。

東西にはバザールが立ちならび、たいそうなにぎわいだ。胡姫《こき》、つまりイラン人の女性のはべる酒場で葡萄《ぶどう》酒を飲む若者の姿など、その繁栄ぶりを李白らの詩人が詠《うた》っている。大寺院の境内や門前の「戯場」では、剣の舞、刀を呑む、口から火を吐くといった西域の特技を披露して、見物人から拍手喝采をあびている一団もある。

西安城壁

復元された遣唐使船

現在の西安旧市街は、四方を長安時代そのままの巨大な城壁に囲まれている。その幅は二〇メートルもあり、城壁の上を一周するマラソン大会も開催されているとか。しかし夜になると長安時代の面影は消え、中心にある史跡の鐘楼や鼓楼、城壁すべてがド派手なイルミネーションに飾りたてられる。過去を振り返らない中国人の前進主義と華やかさに圧倒された。

そして、シルクロード終着駅の平城京も、現在の奈良から想像するよりずっと国際的でカラフルであった。建物や寺院の大伽藍《がらん》は、屋根に青色の瓦をふき、白壁に丹塗り《に》（朱）の列柱、緑の連子窓《れんじまど》がひときわ映えていた。寺の本堂内部も、色あざやかに描かれた天人が壁面に舞い踊り、金色に輝く仏像を取りかこんでいた。居ならぶ文武百官、女官の正装が、何色もの彩りであったのは、高松塚古墳の壁画などによって知ることができる。

法律が制定され、船を仕立てて（おどろくほど小さな船であるが）大陸に渡り、通貨も製造された。都市の作りも衣食住の文化も、すべて唐の都をお手本にした。

貴族は履（くつ）を履《は》き、ベッドに寝て蘇《そ》というチーズも食べていた。

シルクロードの国々にいくつもの痕跡を残しながら、はるかな時空と空間を超えて最果ての地、日本にやってきた楽器たち。

その天平の音としらべが一二〇〇年以上も伝えられ、おなじ楽器に現在の私たちがたずさわっていると思うと、文化というものの深遠さを感じずにはいられない。

（註4）ツィター属…弦鳴楽器の形状別分類のひとつで、下に置いた箱型の共鳴胴の上に弦を張って奏でる形のもの。ほかリュート属、ハープ属、リラ属がある。

弦鳴楽器の分類

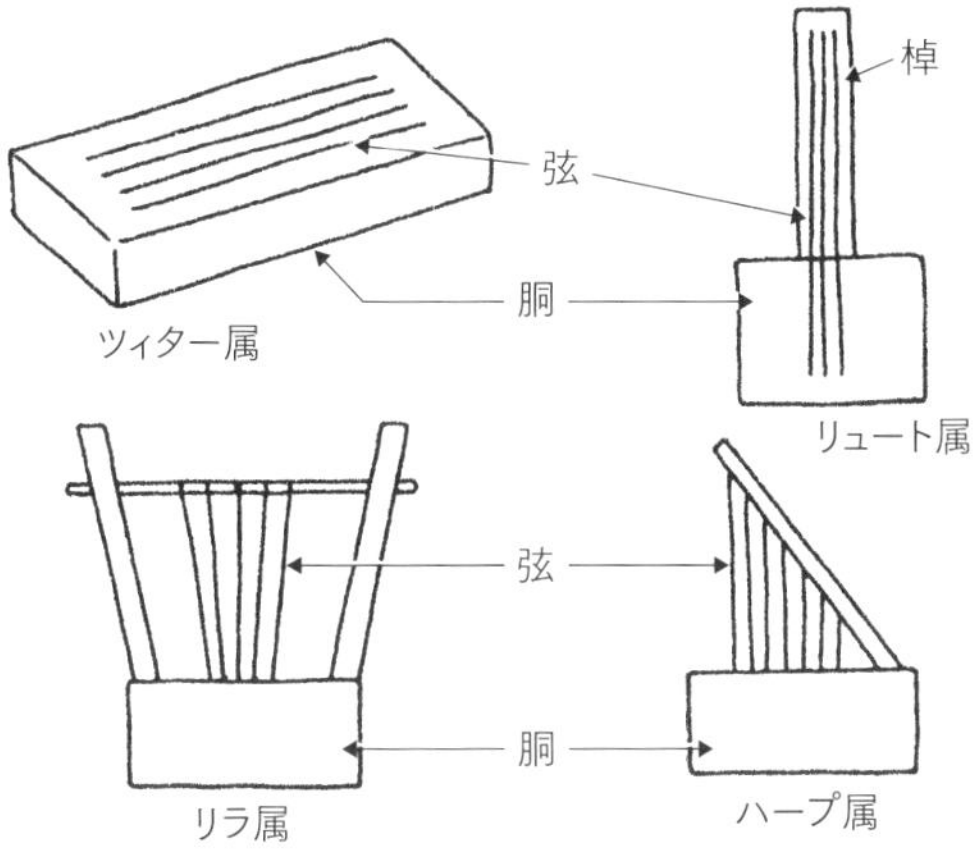

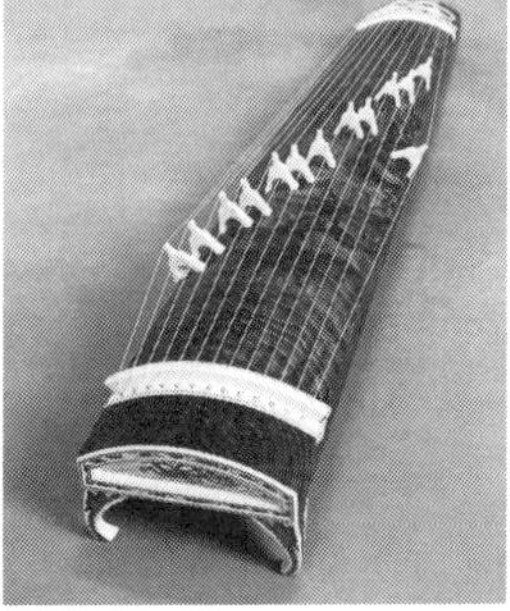
箏　銘・鳳凰

第2章

おこと「箏」について
（歴史編）

1、箏曲の誕生

オーケストラから独立

楽箏

「海松色」と書いて、なんと読み、どんな色のこと?

日本語で色をあらわす語のなんと多く、すばらしいことか。浅葱《あさぎ》色と萌葱《もえぎ》色、江戸紫と京紫の微妙なちがいも区別し、歌舞伎の成田屋のシンボルカラーは柿色で、猩々《しょうじょう》緋《ひ》も舞台で見る。鶯《うぐいす》色、桧皮《ひわだ》色、茜《あかね》色、鈍《にび》色、瑠璃《るり》色などという繊細な表現は日本人の感性そのものである。布を染めた原料である自然のものからとったことばが多い。

現在、皇居のなかの宮内庁楽部で、雅楽の演奏会を鑑賞することができる(秋の公演のみ一般申込み受付、抽選制)。

雅楽の管弦打楽器によるオーケストラの楽人(奏者)が着ているのが、海松色—みるいろ—の装束である。写真はカラーではないが、海草のミルにちなんだ黒みがかった黄緑色である。

管弦（絃）（宮内庁楽部）

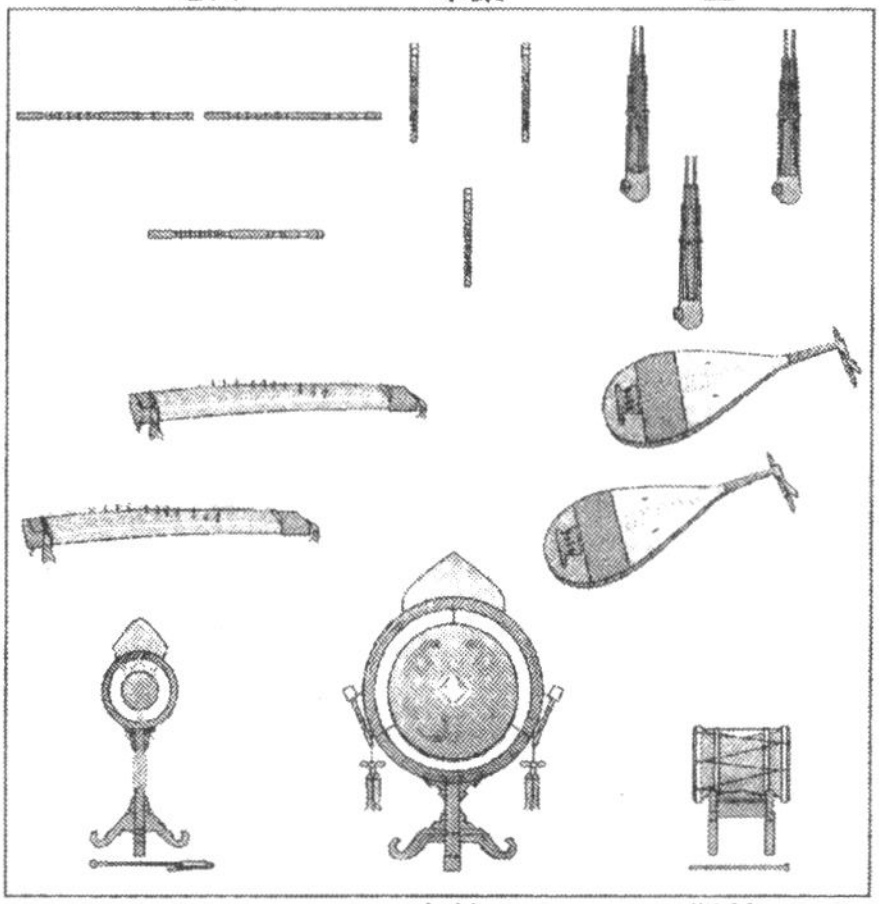

頭にはトリカブトの形をした烏帽子《えぼし》をかぶる。舞の入る〝舞楽《ぶがく》〟では、後方のオーケストラピットで床几《しょうぎ》に座って楽を奏でる。なので箏と琵琶は使われない。

Q&A 箏が日本にきたときにはどんな形でどんな音楽を弾いていたの？

第1章で述べたように、箏は奈良時代に中国から伝来した。当初は、この〝管弦（絃）〟（註1）という管弦楽の八種の楽器のひとつであった。（表参照）この八種類を「三管両絃三鼓《さんかんりょうげんさんこ》」という。

有名な《越天楽《えてんらく》》なども、正式にはこの八種の楽器で演奏される。これは中学校の音楽の教科書にも載るようになった。神社で「ぷぃ～ん」という笛の音でよく流れている曲である。

弦楽器は箏（楽箏《がくそう》）と琵琶（楽琵琶《がくびわ》）（註2）だが、いまのように旋律は弾かない。小節の一拍目などに決まったパターンの奏法による音を入れて、区切りを示す

管弦	舞楽	
	左方唐楽	右方高麗楽
竜笛《りゅうてき》	竜笛	高麗笛《こまぶえ》
篳篥《ひちりき》	篳篥	篳篥
笙《しょう》	笙	
琵琶	—	—
箏	—	—
羯鼓《かっこ》	羯鼓	三ノ鼓《さんのつづみ》
鉦鼓《しょうこ》	鉦鼓	鉦鼓
太鼓	太鼓	太鼓

リズム楽器の役わりをしている。

今とはまったく異なる弾き方であるが、実はこの雅楽の箏で使われている〝カケ爪〟〝連〟などの奏法が、現在の箏曲まで伝わっているのだ。

貴族の宴「餓鬼草紙」（国立国会図書館蔵）

雅楽は、宮中や寺社においておこなわれた国家儀式の一部であった。そして平安時代になると、雅楽を仕事としていたプロの音楽家（楽人《がくにん》）がおこなうのみでなく、貴族のプライベートな生活にも入り込んだ。

「詩歌管絃《しいかかんげん》」ということばがあるように、楽器の演奏は貴族のたいせつな教養となった。〝遊び〟と称する合奏（天皇が主催の場合は〝御遊《ぎょゆう》〟）を楽しむ皇族や殿上人《でんじょうびと》のなかにはプロ顔負けの名手が現れ、名を残している（註3）。

とはいえ、

「お上《かみ》（嵯峨天皇）は《破陣楽《はじんらく》》をとくにお上手にお舞いになりました」

「近衛の大殿《おおとの》さまがご覧になった時に、笙を吹いた○○

が《序ノ舞》でえらくまちがって乱れてしまった」なんて雅楽師が書き残しているから、いまのカラオケのように楽しんだのとはちがって、結構シビアであったようだ。

そんななか、平安時代末期ごろに、箏だけを伴奏にして、雅楽の旋律を替え歌で歌うことが始まった。越天楽の節で今様《いまよう》風の歌詞を歌ったので**〝越天楽今様《えてんらくいまよう》〟〝越天楽謡物《えてんらくうたいもの》（歌物《うたもの》）〟**といわれる（「今様」とは、字のとおり、「現在流行っている」「最近の」という意味）。

（註1）管弦……雅楽の世界では伝統的に「絃」の字を用いる。
（註2）楽箏、楽琵琶という呼称は、とくに雅楽の楽器をさす場合のみで、ふつうは箏と琵琶とよぶ。
（註3）嵯峨天皇、仁明天皇、源博雅、源信、藤原貞敏、藤原師長など。

筑紫流箏曲

室町時代末期、九州・久留米《くるめ》の善導寺《ぜんどうじ》というお寺に、**賢順《けんじゅん》**（一五三四?～一六二三?）という音楽の才能に恵まれたお坊さんがいた。

古代から、大きな寺院では門徒を集めて散楽《さんがく》（註4）などを見せたり、寺に伝わる音楽を聴かせたりしていた。いきなりむずかしいお経やお説教を聞かせるのではなく、楽しいことで人集めをしたのだろう。

善導寺は大きな三門、本堂の大伽藍《だいがらん》などをもつ浄土宗の大本山である。古くから僧侶によっておこなわれていた、善導寺楽という音楽があった。

また、ここには都から雅楽が伝わっている。なぜなら北九州は源平の最後の合戦場、壇ノ浦に近い。生き長らえて落武者となった平家の者たちは、多くが九州の山奥にかくれ住んだ。宮崎県椎葉村《しいばそん》は「平家落人《おちうど》の里」とよばれている。平家の落人と土地の女性との恋愛物語も残っている。

さらに、室町時代に山口の大内氏は京の宮廷文化にあこがれ、都から多くの貴族や楽人を招いた。その世界は「大内文化」とよばれるほどであったが、それらの関係者が大内氏滅亡のあと九州に逃れたという説もある。

以前は都で、貴族のような生活を送っていた人々だ。

「あ～あ、なんでこんなへんぴな山奥で暮らすことになっちゃったんだよぉ。食べ物も貧しいし、狩衣《かりぎぬ》だって買えやしないからボロボロ。京で帝や公卿たちと、舟遊びや御所のお庭で蹴《け》鞠《まり》をした日々がなつかしい。

この琵琶も、流れ着いたのを拾ってきたものだからあちこち傷《いた》んでいるけど、まだ音が出るから少しは慰めになるかな」

山奥では満足な楽器とてなかったであろうが、むかしとおなじ月を仰いで栄華の日々をしのびながら、深い里に調べを奏でたにちがいない。かれらによって、雅楽がかの地にもたらされた。


かつ北九州は朝鮮半島に近い。朝鮮、中国とは頻繁に人の行き来があった。賢順は、明人の鄭家定《ていかてい》から七弦琴の音楽を学んだとされている。

賢順は、その善導寺楽、雅楽、中国の琴の音楽などを参考にして新しい箏曲を作り出した。それを〝**筑紫流箏曲**《つくしりゅうそうきょく》〟または〝**筑紫箏**《つくしごと》〟という。初めての箏の音楽である。

武士であった父親が戦死したため七歳で仏門に入った賢順は、後日還俗《げんぞく》（僧をやめて一般人にもどること。諸田蔵人）して、この箏曲を教えることに一生をかけた。

大友宗麟《そうりん》の庇護をうけていたが、宗麟がキリシタンになったために離れ、肥前の大名である龍造寺家を頼り、多久《たく》に移って生涯を終える。かの地で筑紫箏を領主の妻（鍋島直茂の娘・千鶴子）

に教え、多久は筑紫流箏曲伝承地となった。
想像するに、賢順はきっとお経が苦手で好きな音楽ばかりやっていたんじゃないだろうか。

これは箏曲史では必ず学ぶことであるが、では筑紫流箏曲とはいったいどんな箏曲なのか。現在では、その音楽は伝承者が途絶え、実際に生で聴くことはできなくなった（註5）。

善導寺「箏曲発祥之地」碑・賢順顕彰碑・「鳳凰」（箏銘）碑

二〇〇三年十月に、賢順が晩年に住んで没した佐賀県多《た》久《く》市において「筑紫箏の世界」というイベントが開催された。さまざまな資料の展示とともに、研究者の講演と復元楽器による演奏も披露された。

約一・四メートルの小型の楽器に、小さくて華奢《きゃしゃ》な箏《こと》柱《じ》、また非常に細い爪（幅約〇・四センチ）で奏でられる箏は、独特のかそけき音色であった。

歌詞はのちの時代に整理改変され和訳されたものであるが、元来は漢詩の歌詞を中国音読みで歌っていたという。音楽は、歌詞の意味や内容を擬音であらわしているものが多く、ほとんど雅楽の箏の奏法がまだ使用されていた。

この賢順の芸が、現在私たちがたずさわっている「近世箏曲」につながっていく。

（註4）散楽……奈良時代に大陸から渡来した雑技。歌舞、曲芸、軽わざ、手品、奇術などさまざまな内容であったが、平安時代にはこっけいな物まねなどの演技中心の芸能となり、のちの能楽の源となる。
（註5）最後の筑紫箏伝承者、井上ミナ氏が一九九五年没。

2、近世箏曲　お菓子に名をのこす祖

その賢順に、玄恕《げんじょ》と法水《ほうすい》（ほっすい）という弟子がいた。

あるとき法水は兄弟子、玄恕の代わりに上洛して、藪大納言という人の前で演奏した。しかしうまく演奏できず、そのことを恥じて関東に下り、江戸で琴糸商になったと伝えられる。どの程度の失敗だったかはわからないが、不満足な演奏をするたびにやめていたら、私など何回転職しなければならないかわからない。たぶん、新しい筑紫流箏曲が都の貴族には受け入

れられなかったのではないだろうか。

しかし、それが箏曲史にとって大きな意味をもつことになる。江戸で法水と八橋検校《やつはしけんぎょう》が出会うのである。

Q&A 八橋検校と京銘菓との関係は？

現在の箏曲はどの流派であれ、**八橋検校**（一六一四〜八五）を始祖とする。

京都の銘菓八ッ橋は、この八橋検校に由来している。三角で餡が入っているものではなく、湾曲したうすい固焼きのお菓子が箏をかたどっている。

現在の井筒八ッ橋本舗はかつて京都の祇園で茶屋を経営しており、初代主人である岸野次郎《じろう》三《ざ》は、三味線弾きとしても有名で地歌《ぢうた》（註6）の作詞でも名を残している。八橋検校が次郎三に、ニッキ味のせんべいを作るようアドバイスをしたという謂《いわ》れを元に、その名をとっているのだ。

検校の墓所がある金戒光明寺の塔頭《たっちゅう》である常光院（通称やつはし寺）では、毎年六月十二日の「八橋忌」に井筒八ッ橋本舗が主催で供養をされている。

Q&A 「検校」ケンギョーってなんのこと？

〝**検校**〟というのは、盲人の組織の一番上の位である。中世、近世では、琵琶、三味線、箏などは、盲人男性が専門のなりわいとしていた。盲人は〝**当道**《とうどう》〟という組織に所属し、検校となればその権威と経済力は、五万石から十万石の大名にも匹敵したという。その下に〝**別当**《べっとう》、**勾当**《こうとう》、**座頭**《ざとう》〟と四官があり、そのなかはさらに七三段階（「刻《きざみ》」）にも分かれる細かな階級制度であった。検校は特別の衣や杖を用いることが許され、さまざまな特別待遇や権利が認められていた。

昇進するには多額の上納金も必要であり、技芸にすぐれた者には後ろだてがついて援助したらしい。

八橋検校は、出身地である東北磐城国《いわきのくに》の平《たいら》藩主・内藤風虎《ふうこ》（義概《よしむね》・晩年は義泰《よしやす》）が強力な後援者であった。このお殿さまは俳句、文学にたいへんな教養のあった文化人だったので、八橋の曲に作詞もおこなっている。

（註6）地歌……三味線音楽の一種。生田流箏曲とむすびついて、現在でも古典の一分野として盛んに演奏されている。71頁参照。

八橋検校の改革

八橋は大坂で、三味線の柳川《やながわ》流の祖、柳川検校とならび称されるほどの三味線の名手で、一派まで立てていた。

理由はわからないが、その後江戸に出て法水から筑紫流箏曲を習ったのである。

「三味線の糸を買うために、いつもの柏屋さんに行ったら、奥から聞いたことのない音色が聞こえてきたんやわ。

あれはだれが何を弾いとるんやと小僧はんに尋ねたら、そこのご主人がなんでも九州で習うてきた新しい箏の曲らしいわ。

ちょっとおもしろいさかい、教えてもらうことにしたわ」

という経緯があったかどうかは知らない。

ただ、八橋の天才的なところは、それに大胆な改革を加えてまったく新しい箏曲を生み出したことだ。

八橋検校肖像（蔔塚家所蔵）

この音楽が、現在私たちがおこなっている箏曲のほぼ原形であり、それまでの雅楽の箏や筑紫流箏曲に対して、〝俗箏《ぞくそう》〟とよばれる。

Q&A 八橋検校はなにをした？

八橋検校の業績を書き出してみると

○楽器と爪を改革、音量が大きく独奏に向いたものに変えた（119頁「各種の爪」参照）。

○都節音階による〝平調子《ひらちょうし》〟を考案した。

○現在の基本的な奏法である「右手十七法　左手八法」を定めた（表参照）。

○《六段の調《しらべ》》をはじめとする段物、組歌「八橋十三組」（註7）を作曲。

このなかでもっとも重要なのは、平調子を発明したことである。

「平」とは「うちのおとうさん、平社員」「平幕に転落」というように「ふつうの」「一般の」という意味がある。現在、箏の調弦のもっとも基本的なものである。事実、十九世紀の箏の楽譜集には「常の調子」と書

右手十七法　左手八法

右手	カケ爪　スクイ爪　掻手《かき》　合せ爪 ワリ爪　散レ爪　引連など17種
左手	押手　アト押　ツキイロ ヒキイロなど8種

かれている。

Q&A 平調子が生まれた理由は？

それまでの楽箏（雅楽の箏）は、半音を用いない律音階による調弦法であった（現在の乃木調子にあたる）。また決められた型による音楽のなかでは、箏柱を動かすという習慣はなかったようだ。

次の段階の筑紫流箏曲も、ほぼおなじであった。

当時「俗耳ニ遠シ」と書かれているように、それまでの箏の音楽は庶民にはなじめず人気がなかった。そこで、八橋は「淫声ヲ加へ」て、箏にも半音を含む**都節《みやこぶし》音階**（ミ・ファ・ラ・シ・ド）をとり入れた新しい調弦法を生み出したのである（それまでの調弦は第二、五音がファ#・ド#の音階であった）（五線譜参照）。

これは八橋が三味線の名手であったことが大きく影響しているのではないか。

永禄年間（一五五八～七〇）に、**三線《さんしん》**が琉球から本土にもたらされた。そ

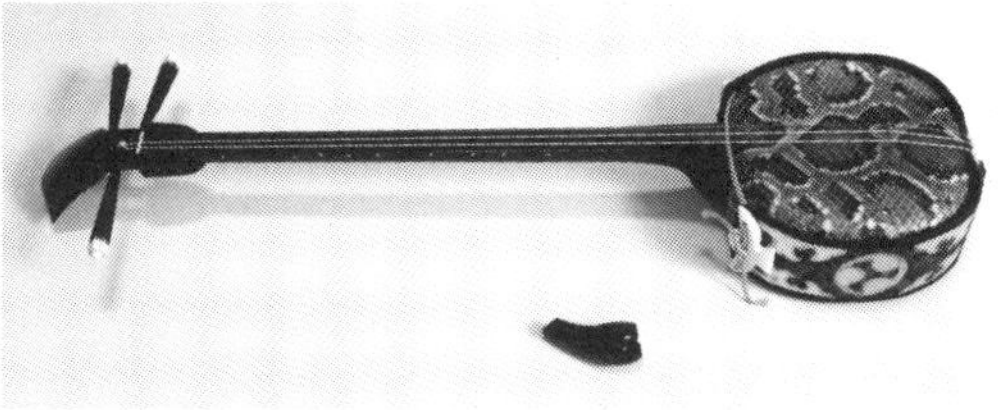

三線

日本音楽における四つの音階（基本形）

（● は共通音）

箏の基本的な調弦「平調子《ひらぢょうし》」

（実際の音高はこれに限らない）

れが改作されて生まれた三味線は、アッという間に庶民の間に広まって近世日本音楽の中心となっていた。

三味線は勘所《かんどころ》（ポジション）をおさえて音を作る楽器であるから、自然と耳に心地よい音をさぐり、変化させやすい。

「法水師匠に新しい箏の音楽を習ったはいいけれど、まわりの人に聞かせてもどうも受けがようない。なんだかちがう世界の音楽のようやと言われる。上方《かみがた》でやんごとなき身分の人々がやっていたものだから、江戸の町の衆には耳慣れないんやないか。調弦が決まっているのだから曲の調べも変えようがないのだ。三味線ならばツボでかんたんに音を作れるんになぁ…。

そうだ！　箏も調弦を変えてしまえばどうや。箏柱は自由に動く。三味線で使っていた音を初めから調弦で作ってしまえばええんとちがうやろか」

柔軟な思考の持ち主であったにちがいない八橋は、箏の根本である調弦も思い切って改革してしまったのである。それを用いて、先のような作曲を残した。

以降、八橋を源とするこの箏曲が近世に発展して、現在に至っている。だから彼は、今箏曲にたずさわっている人のすべてのご先祖さまなのである。

Q&A　〝段物〟とは？

《六段の調》、《八段の調》、《乱《みだれ》》（別名《十段の調》）のように、小さな楽章であるいくつかの「段」で構成されている器楽曲のこと。各段が二拍子を一拍として五十二拍で構成されている。《乱》はこの法則に基づいていないので、その名がついている（《六段の調》は二小節目からが初段である）。

そのなかでも《六段の調》は箏曲の代表曲で原点のように扱われているが、当初は伝承の基本である〝箏組歌〟に付属する〝付物《つけもの》〟（漬物ではない）、つまり練習曲という位置付けであった。

ただしこれは、八橋の作曲というよりは筑紫流箏曲に伝わった曲を整理改訂したものという説もある。ちなみに、現在まで伝承されている松代の八橋流では《九段の調》であり、《八段の調》は伝わっていない。

《六段の調》はお箏を習ってわりと早い段階で弾くことができる反面、箏曲人にとってはもっとも神聖で大きな存在であるため、人前で弾くことはたいへんに緊張する。最初の「テン」という一音からして、どんな音がよいのか考えだすと神経がブチブチと切れていく気がする。

※八橋検校と八橋流については拙著『新版　八橋検校十三の謎』（アルテスパブリッシング）参照。

（註7）八橋十三組……八橋検校作曲の、組歌（決まった形式の、歌のある曲）十三曲の総称。
表組…菜蕗《ふき》　梅が枝　心尽し　天下太平　薄雪　雪の晨《あした》
裏組…雲の上　薄衣　桐壺　須磨　四季の曲　扇の曲　雲井の曲（これのみ雲井調子）

三曲

3、箏曲の発展と「三曲」

三味線と合体

「歌系図」三曲合奏の図（宮城道雄記念館蔵）

まずこの絵図を見ていただきたい。
箏を弾く女性の両側で、男性が三味線と尺八を演奏している。三味線を弾いているのは盲人のようだ。演奏中にもかかわらずスタッフが舞台の明かりのロウソクの芯を切っている（これは若い人はわからないだろうね）。

正面には曲名を書いた札が貼られている。左から三曲目は《茶音《ちゃおん》頭《ど》》かな。

客席は男女の町人らしきお客さんたちでギッシリ満員、みな熱心に聞き入っているが、舞台にお尻を向けてお茶してる人もいる。

そういえば、昭和一《ひと》けた生まれの私の師匠も、子どものころの演

三曲合奏

豊国画「初代豊国錦絵帖」（国立国会図書館蔵）

奏会はまる一日延々と曲が続き、マスに仕切られた客席でお重につめたお弁当を食べたと言っていた。

このように、三味線、箏、尺八で合奏する形式を〝**三曲**（**三曲合奏**）〟という。

八橋検校が近世箏曲を確立して以来、江戸時代を通じて当道のなかで盲人音楽家たちがさかんに創作、演奏活動をおこなった。主に関西でおこなわれていたこの系統を〝生田流《いくたりゅう》〟と称する。

そのうち、近世初めに誕生して庶民の間で大流行していた三味線音楽とむすびつく。

Q&A 「生田流」を創始したのはだれ?

八橋検校門下、北島検校の弟子の生田検校を流祖とする。角爪や調弦法を工夫し、三味線との合奏を始めた人と言われているが、師匠である北島検校の遺業との説もある。

系統はのちに枝分れして大坂、京、江戸、名古屋、中国、九州各地の生田流へと発展する。

京流手事物

曲名　交響曲第十番

原作　ベートーヴェン作曲

ビオラ・チェロパート　モーツァルト補作

管楽器パート　ハイドン補作

……なーんてことは絶対ない。

でも邦楽にはあるのだ。十八世紀後半から、三味線の〝地歌《じうた》〟というジャンルの音楽に、箏のパートがつけられた〝**替手式箏曲**《かえでしきそうきょく》〟が関西で隆盛となる。これが生田流を中心に、現在もよく演奏されている古典である。器楽部分である〝手事《てごと》〟（「合の手」が発展したもの）が発達しているので、〝**京流（風）手事物**《てごともの》〟〝**京物**《きょうもの》〟ともいう。

夕顔　文化・天保年間作曲
作歌者不詳
三弦原作　菊岡検校
箏手付《てつけ》　八重崎検校

というように表記される。

Q&A「手付」とは？　なぜ一つの曲で作曲者が二人？

「手付」とは「手を付ける」、つまりパートを作曲することである。三味線（地歌の場合〝三弦〟という）で弾きうたいの原曲に、合奏する箏のパートを後に別人が作るのだ。

この八重崎検校は、自作の曲はひとつも残されていないが、多くの曲に見事な箏の手付をして名を残している。とくに菊岡検校とのコンビでたくさんの名曲があり、今でも盛んに演奏されている（註8）。

元来は、それぞれが箏と三味線で即興の合奏を楽しんだ。とくに器楽の手事の部分では、箏と三味線が自由に掛け合いをして遊んだにちがいない。

三味線、尺八についてはあとの章で述べるが、地歌、箏曲、尺八音楽という異なる三種の音楽が合体していながら、みごとにひとつに溶け合った空間をかもし出しているのが「三曲」である。

Q&A 「地歌」という語はよく聞くけれど、正しい意味は？

地歌とは、現在生田流でおこなわれている古典音楽のひとつで、江戸時代以降、主に関西で盲人音楽家が中心となって作曲、演奏、伝承してきた三味線音楽。地歌のなかに三味線組歌《くみうた》、長歌（江戸長唄ではない）、謡物《うたいもの》、端歌《はうた》、浄瑠璃物《じょうるりもの》、作物《さくもの》、手事物《てごともの》などの種類がある。上方《かみがた》の人々が、「土地の歌」という意味で用いた名称である。

もとの楽器は、現在〝京三味線《きょうじゃみせん》〟とよばれる棹《さお》の細いものであった。のちに九州の地歌演奏家、長谷《ながたに》検校幸輝（註9）がくふうを重ね、川瀬里子がその改良を完成させた楽器が普及して、〝中棹《ちゅうざお》〟〝地歌三味線〟として発展している。撥や駒も音量が出るように改良され、いまの形のものになった。

関西や九州を中心に各地の伝承に芸系があるが、明治時代以降、多くの演奏家が上京して芸を伝えたため、音楽的特徴はうすれている。しかし、九州系は〝スリ〟（註10）を多用して音をひびかせるなど、自分の系統の演奏技法、芸風を守って活躍している演奏家もいる。

（註8）　菊岡検校三弦原作・八重崎検校箏手付の曲……《夕顔》《茶音頭》《磯千鳥》《楫枕《かじまくら》》《ながらの春》《笹の露》《御山《みやま》獅子》《今小町《いまこまち》》ほか

（註9）　長谷検校（一八四二～一九二〇）………熊本出身。地元で活躍し、のちに上京して九州系地歌を普及させた地歌演奏家。その系統、教えを受けた多くの者が、一派を立てて芸を伝えている。

（註10）　スリ……分野や流派によってコキなどともいい、弾いてから装飾的に余韻を変化させること。

4、山田流箏曲

ヤマザさんってだれ？

山田検校

ここはお江戸、下町の湯屋、つまり銭湯である。

江戸っ子の熱湯好き、洗い場では「ヲヲあつ」「あっつっつ」「あちいよゥ」（子ども）とにぎやかだ。昼下がりの女湯、次々と入れ替わり入ってくる女たちの会話がひびく。

さて、さそい合わせて来た、おさめ、おむす、お初の三人娘はべんべんと長湯をしている。ここからはわかりやすく現代のスパリゾート風で。

お初がおむすの背中を流しながら、お稽古事の話になる。おさめが、おむすに今夜うちに来てお琴《こと》（ママ）をいっしょにおさらいしようと誘う。

お初「あら、今夜もお琴？　おむすさんの声はとってもいいわよね」

おむす「やだー、からかわないで。じゃお初さんのお好きなものを当ててみましょうか。そうねぇ、あ、そうそう、《葉隠《はがくれ》》のメリヤス（註11）でしょう？」
お初「当ったり～。私はあれがめっちゃ好きなのよぉ」
おさめ「葉隠はだれでも好きよね。『ひと夜ひと夜の仇枕《あだまくら》　ほんにしみじみ憂《う》いやつらや』というところなんかは聞いただけで体がとろけそうになっちゃうわ。話をしただけでもゾクッとするわよね」
おむす「お初ちゃんは葉隠で気が狂いそうよ。私があとで歌ってあげる」
お初「うん、サンキュー」
おさめ「山坐《やまざ》さんのお歌いになっているところをお初さんに聞かせたいわ。ほんとうにまぁ、どうしてあんな声が出るんだか」
おむす「おさめさん、今夜はこれをおさらいしましょう。まず《桜狩《さくらがり》》ね」
おさめ「えぇ、《江の島》でしょ」
お初「江の島、江の島、きゃあ、いいねぇ。あれ、おもしろいんだもん」
おむす「あらぁ、お初ちゃんは弁天さまでも拝むようだよ」
おさめ「おむすさん、そして《長恨歌《ちょうごんか》》もいいじゃん」
おむす「そうね、やろうやろう。そしたら《桜狩》、《江の島》、《長恨歌》…とそれから《住よし》、それから《那須野《なすの》》」

おむす「そうそう、まあ、そう決めておこうよ」
お初「ああ、今夜は楽しみ、楽しみ、うれしーい。お店の人たちと双六《すごろく》やろうか、百人一首をやろうかと思っていたけど、お琴ならサイコー！」

（『浮世風呂』三編巻之下「女中湯之遺漏」式亭三馬）

この本は江戸の下町の様子や発音などもわかって、貴重な風俗研究の資料となっている。いつの時代も、女性同士のおしゃべりというのは変わらないね。

ここではお風呂のことではない。「山坐さん」というのが、箏曲の二大流派のひとつである**山田流**の祖、**山田検校**（一七五七〜一八一七）のことなのである。

山田検校銅像

今のアイドル歌手のように、一般庶民にこれほど人気があったという証拠である。墓碑に「門人は数千人」とあるように、大変な人気を博したことがわかる。

ただ、女たちの会話には山田検校作曲の曲名が片はしから出てくるが、どれも大曲であってこんなに一度にやれるものではない（註12）。

しかし、注目したいのは、そんな曲名が小説のなかの町人の会話に、ふつうに出てくるということである。

八橋検校がおこした箏曲は、関西でさかんに創作、演奏されていた。しかし十八世紀になると、太平の世が続き、新興都市であった江戸も文化的に成熟してきていた。

そこで、江戸でも箏曲を広めるために、長谷富《はせとみ》検校という人が京都から派遣されて江戸に下った。その弟子に医師の**山田松黒**《しょうこく》（『箏曲大意抄』（註13）の著者）がおり、松黒の弟子に山田検校が出るのである。

山田流箏曲の特徴

Q&A 生田流と山田流のちがいは？

では、江戸でおこった山田流箏曲とは、それまでの箏の音楽とはどうちがうのか。

ひとことで言えば、まったりとした間合いの長い上方好みの箏曲は、江戸の性格に合わなかった。

生田流の古典のなかに《若菜》という曲がある。歌詞の冒頭「年はまだ」という五文字で二分間くらい引っぱって歌う。

「とォしーィイイーイイィ。イーイイイーイイ～」

と延々歌っている間にトイレに行けそうだ。チャキチャキの気が短い江戸っ子が耐えられるわけがない。


父親（三田了任）が宝生流の能楽師であった山田検校は、謡曲や、当時流行っていた三味線音楽である浄瑠璃のなかの河東節《かとうぶし》、一中節《いっちゅうぶし》などをとりいれた新しい箏の音楽を生み出した。「箏の浄瑠璃」といわれるように、ストーリーのある歌詞の意味を伝える「語り物」（註14）に近い箏曲である。

だから楽器より歌が主体であり、楽器や爪も音量を大きくするように改作して

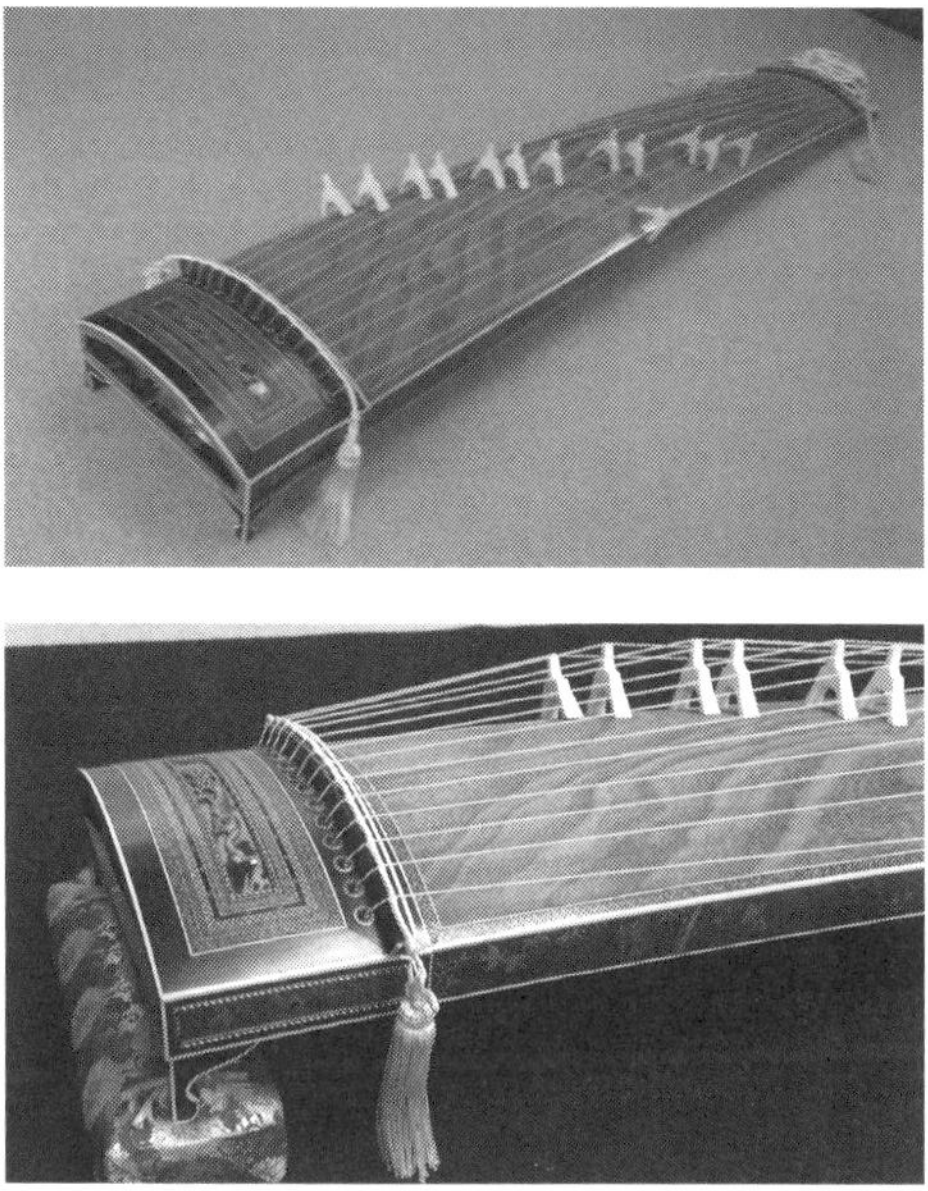
生田箏飾り箏（竜頭の部分）八代目 畑盛次作

生田流と山田流の比較

	生田流	山田流
発生地と 流祖	上方（京都・大坂） 生田検校（1656～1715）	江戸（東京） 山田検校（1757～1817）
内容	器楽が主 　声楽の内容…歌いもの 三味線が主	声楽が主 　声楽の内容…語りものに近い 箏が主
箏（楽器）	生田箏　枕組 音穴の形  六尺三寸・五尺八寸	山田箏　枕角 音穴の形  六尺
爪 （120頁参照）	角型 	丸型　厚い 
座り方	左斜め　45度	正面に向く

現在は、生田流でもほとんど山田箏を使用している。
「音穴」とは竜腹にある穴

いる。

三味線は生田流のように独立したパートではなく、音楽的には箏とユニゾンが多い。

生田流との相違点を表にしてみよう。

Q&A なぜ山田流はまっすぐに座るの？

だれでもひと目見ればわかるちがいは、爪の形と座り方である。

ななめに座る生田流に対して、山田流は箏にまっすぐ向いて座る。すべてが歌をメインに聴かせるためである。だから、山田流には低調子の曲はない。低調子は箏柱が左のほうに並ぶので、左手で弦を押さえるために体が倒れてしまうと、声がひびかないという理由であろう。

これは、江戸の三人娘が証言しているように、山田検校が「聞く者感動せざるはなし」と書かれているような美声の持ち主であったこと、能の影響が大きいことが関係しているの

山田流の演奏

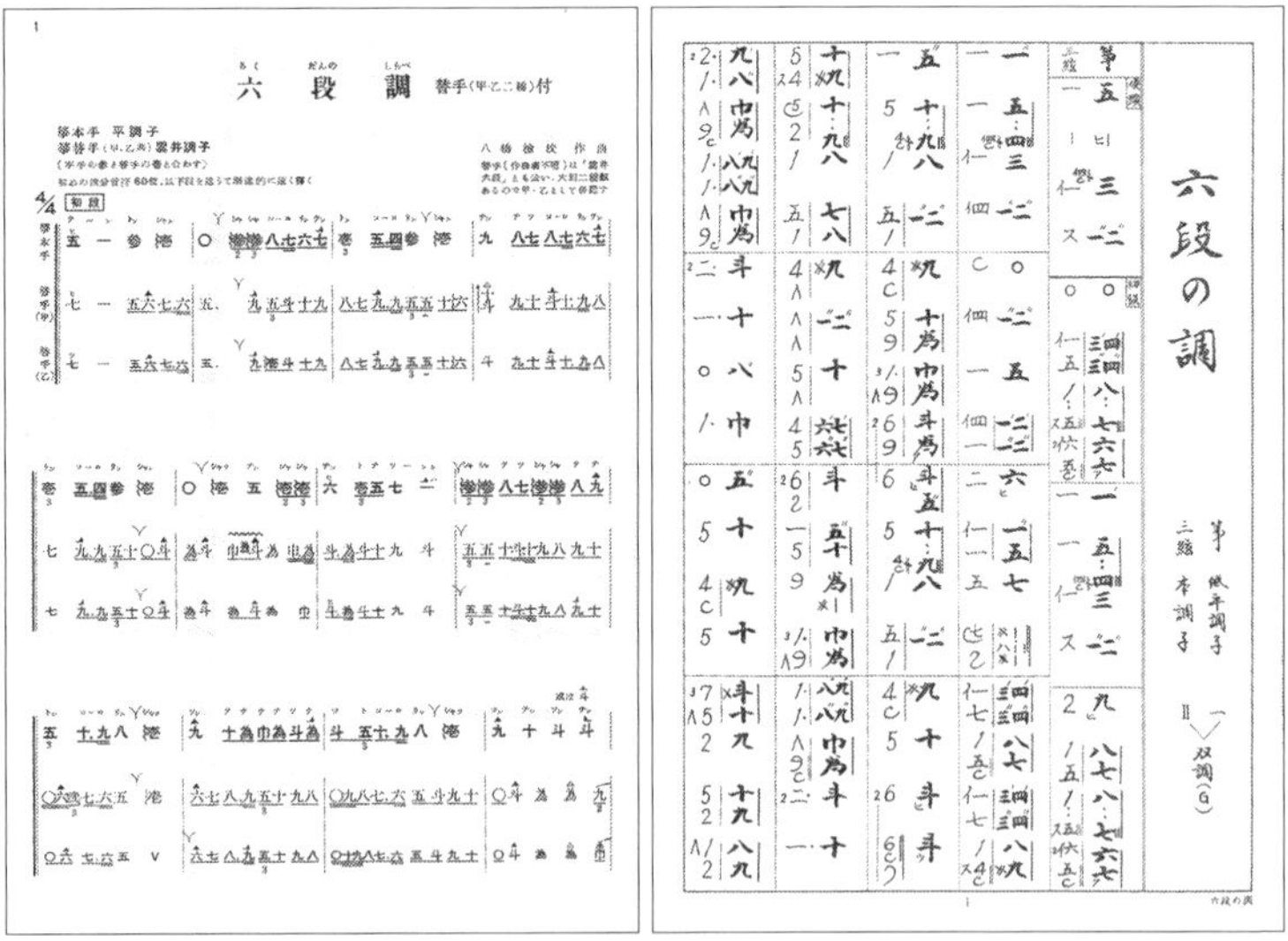

山田流と生田流の箏譜の一例（左の山田流は替手、右の生田流は三弦との並記）

ではないか。

その出自からして、能楽の歌詞をそのままとりいれた曲がたくさんある。私が企画したコンサートで、《竹生島《ちくぶしま》》（千代田検校作曲）を謡曲と山田流箏曲で演奏していただいて比較した。ほかに《葵の上》《熊野《ゆや》》《弓八幡《ゆみやわた》》なども能の演目とおなじ曲名である。

山田流には、歌のすばらしい演奏家が多い。カラオケなども歌手顔負けの声で圧倒される。

「長磯」（六尺三寸）とよばれる生田箏《いくたごと》は、もちろん関西中心にまだ使われているが、山田の楽器のほうが音量が大きく舞台に適していることから、今では六尺の山田箏が主流を占めている。

爪に関しては箏曲史で考えれば、生田流の角爪のほうが少数派なのである。爪の角を利用して弾くので、ななめに座るようになったとも考えられる。山田流の丸爪は厚く、角爪に比べて音量が出るが、強弱の差などの繊細な表現は角爪のほうが適していると思う（120頁「各種の爪」写真参照）。

ほか山田流は、楽器編成（箏が何面でも三味線は一挺）や並び方も異なる。

音楽的には、器楽だけの部分でリーダーが即興で「シャレ弾き」という装飾的なパートを奏することなどがある。

また、生田流にはないかけ声が入るのも特徴のひとつといえる。見得《みえ》を切るような歯切れの良さは、江戸の芝居と深いつながりを感じる。

ひと昔前までは、おなじ箏曲人であっても流派が異なると交流もなければ、お互いのこともよく知らなかった。でも、能や日本舞踊の流派による芸のちがいは素人にはなかなか理解できないが、箏の生田流と山田流には大きな特色のちがいがある。

私もNHK邦楽技能者育成会で、山田流の同期生にいろいろ教えてもらい、初めて知ることが多かった。現代では流派の垣根を越えた演奏グループも多く、盛んに活動しているアマチュ

かつしか郷土かるた

ア合奏団のメンバーは、流派など関係なく、異なる爪と弾き方で現代邦楽を演奏している。もちろん《六段の調》など、どちらでもレパートリーになっている曲もある。

山田流の曲をステージで演奏したこともあるが、楽譜も異なれば独特の奏法もあり、とても新鮮であった。山田流の演奏家作曲の現代邦楽曲もよく演奏される。

二〇一六年五月一〇日、山田検校の墓所がある葛飾区の源照寺において、「山田検校二百回忌慶讃法要」がおこなわれた。

「一人の音楽家の没後二百年を経て、こうしてその芸統を伝える人々が相集《つど》って法要を営まれることはすばらしいこと」

というご住職のごあいさつがあった。

墓碑は、検校の隣に住んでいて親交があったとされる加賀出身の儒学者、大田錦城《きんじょう》が書いている。以下はその一部。

「師は幼にして明を喪し、長じて音声に通じ
能《よ》く新曲を製し、能く後生を導き、一時を風靡《ふうび》し
声名雷轟《らいごう》、其の技神妙、誰か能く争うもの有る。
嗚呼《ああ》、世の人は目明にして心盲し
師乎《かな》　師乎　目盲にして心明なり。」

「そうきょくを……」

「はいっ、とった！」

「……江戸で流行《はや》らせ山田検校」（葛飾区教育委員会製作「かつしか郷土かるた〝そ〟の札」）


（註11）メリヤス……三味線のみを伴奏として歌う抒情的な短い歌。役者の所作に合わせて長さを調節できるので、伸縮自在の織物の名前となった。《葉隠》は山田検校の作品だが、廃絶曲となっている。

（註12）山田検校の作曲……《小督《こごう》の曲》《熊野《ゆや》》《長恨歌の曲》《葵の上》（以上「四つ物」）、《江の島の曲》《住吉》《那須野》《桜狩》（「中七曲」）ほか、《初音の曲》（箏組歌）など。

（註13）『箏曲大意抄』……一七七九年。箏曲の基本といえる箏組歌とそれに付属する段物の楽譜として有名な書。

（註14）語り物……〝歌い物〟に対する語。日本の声楽のなかで歌詞を重視してストーリーを伝える要素の強い分野。歌い物は、より声色や旋律の妙を聴かせる。

5、幕末から明治の箏曲

箏中心の音楽に

幕末の箏曲

江戸時代末期に入ると、関西で作られる箏曲に変化があらわれる。

おなじ内容や体制が長く続くと、退廃的、惰性的になって澱《よど》んでしまう。それに疑問を持って「この当たり前となっていることは、変じゃない？」という人間が現れるものだ。当初は異端視されるが、そんな人間がいない、または潰してしまう組織や分野はやがて衰退の道をたどる。

箏曲界では**光崎《みつざき》検校**（生没年不詳）という天才的な作曲家が出て、改革をおこなった。《四段砧》という曲を五段編成にして高調子（註15）の替手をつけた《五段砧》を残し、新しく考案した調子による新形式の組歌《秋風の曲》を作った。これは、組歌と段物の両方の要素をとりいれた曲である。

これらは、三味線が主となっていた生田流箏曲を「原点である八橋のときのような箏主体の音楽にもどす」ことが目的であった。

もちろん伝統的な京物の三味線の作曲も多い（註16）。


しかし、革命児に風あたりが強いのは、どこの世界でも今も昔も変わらない。

光崎検校は、それまで秘伝であった箏の楽譜（『絃曲大榛抄《たいしんしょう》』）を校閲したことで、盲人の管理組織である当道職屋敷の反感をかって追放されたなんて伝説も作られてしまった。

近世では、曲を教えることは師匠の特権であり、この曲まで伝授したからこのランクの免状を与える、という世界であった。それを楽譜にして（盲人芸だから本来楽譜は存在しない）公にするということは、ゆゆしき一大事なのである。


光崎の影響を受けたのが、名古屋の**吉沢検校**（二世）である。

おなじく、いくつかの新しい調弦をくふうして作曲を残しているが、なんといっても〝**古今《こきん》組《ぐみ》**〟が有名だ。そのなかの《**千鳥の曲**》は、どんな流派でも《六段の調》の次にたいせつな曲となっていてほとんどの人が習う。

病院のロビーコンサートで演奏したとき、聴きに来てくれたのはやはり年配の患者さんが多かった。一番前で点滴をブラ下げて熱心に聴いていたおばあさんが、《千鳥の曲》を弾くと膝を打ってテンポをとりだした。きっと昔やっていたにちがいない。時にはこういうコワい聴衆もいる。

Q&A なぜ「古今組」というの？

古今組とは《千鳥の曲》《春の曲》《夏の曲》《秋の曲》《冬の曲》五曲の総称である。《千鳥の曲》の後歌以外は『古今和歌集』の和歌を歌詞としている。また、すべて古今調子という新しく考案された調弦を用いているところから名づけられている。

古今調子とは平調子から四と九を一音上げ二を七と同音としたもので、都節音階と、半音を含まない雅楽の音階との折衷型といえる。

このような新作、改革の動きを現在〝箏曲復古運動〟〝箏曲のルネサンス〟とよぶ。こうした運動が、やがて明治維新以降の新箏曲の創作活動につながる。

毎章このことばを書いているような気がするが、なにものも突然に現れることはなく、前の時代にその萌芽をふくんでいるのである。

春は夏の種をあたため、夏は秋を暗示し、枯れて黙っている冬は、その奥深くに春を抱いている。

（註15）高調子……基音を壱越《いちこつ》（D・六本）とする一般的な音域の調弦。

（註16）光崎検校作曲の地歌手事物には《夜々《よよ》の星》《初音》《桜川》《千代の鶯》などがある。

明治新曲

幕末・明治維新と第二次世界大戦終戦時はよく似ている。

もちろんどちらも時代が大きく変わったのだが、それだけではなく前時代の価値観が一八〇度ひっくり返ってしまった。そして共通しているのは、どちらもこの時期に西洋文明がドッと押し寄せ、怒とうの勢いで日本と日本人を呑み込んでしまったことだ。

この二回の衝撃から、圧倒された日本人は自らの文化に愛着をもつことを忘れてしまった。堂々と誇ることを怖れてしまった。

その西洋偏重の意識と重圧がどれだけ長い時間、尾を引いたことか。

音楽もしかり。「音楽」で高尚なのはオーケストラ…「楽器」といえば思い浮かぶのはピアノ、ヴァイオリン、ギター…、「有名な作曲家」はバッハ、ベートーヴェン、ショパンにモーツァルト…。

日本伝統音楽や芸能は「近代化の妨げ」「古くてレベルの低いもの」という誤った捉え方をされるようになってしまった。

一八七一（明治四）年、当道職屋敷が廃止され、検校などの特権もすべて失われた。それまで特殊な保護政策で守られていた盲人音楽家たちは、一時混乱した。安泰だった身分の保証が突然消えて、どう暮らしていけばよいかわからず路頭に迷った多くの武士とおなじであった。

しかし、文化は逆境をのりこえて新しいものが生み出される。

近世の箏曲とは異なる音楽である〝**明治新曲**〟が出てきた。

Q&A 明治新曲の特徴は？

1、江戸時代に主に使われた平調子などの都節《みやこぶし》音階ではなく、半音を含まない陽音階の調子がくふうされた。
2、遊郭や男女の恋を題材とした歌詞を用いない。
3、三味線を用いず、箏の高低二部合奏曲が多い。
4、それまでにはない左手でのピチカート（指ではじく）などの奏法が発達した。

1のおかげで、明るい活気のある雰囲気の曲が多くなった。これは当時流行していた明清楽《みんしんがく》（註17）の影響も大きいと思われる。

2であるが、地歌では、その歌詞の内容に恋愛と関係ないものはほとんどない。思いつくのは《四季の眺《ながめ》》くらいであろうか。それだけの理由で、これが一時中学校の音楽教科書の鑑賞課題曲になっていたことがあったが、古典のなかでもとくにむずかしい曲であり、いきなり子どもに聞かせてもピンとくるわけがない。すぐに消えてしまった。

明治という王政復古の時代を反映して、上品で天皇をたたえる歌詞がよく使われた。

また、戦争に明け暮れた時代を反映して、邦楽でも《愛馬行進曲》《進軍喇叭《ラッパ》の曲》などの楽譜が残されている。

菊末勾当《きくすえこうとう》、菊塚与市《きくづかよいち》、楯山登《たてやまのぼる》（註18）などが盛んに創作活動をおこなって、一時衰退した箏曲を盛り返した。

（註17）明清楽……文化・文政時代以降に渡来した中国の明と清の民間音楽。月琴《げっきん》、胡琴《こきん》、明笛《みんてき》などの中国楽器を使用する。唯一外国船が入港した長崎でさかんにおこなわれていた。

（註18）それぞれの代表曲……《嵯峨の秋》、《明治松竹梅》、《時鳥《ほととぎす》の曲》。

6、新日本音楽　洋楽との融和

天才・宮城道雄の業績

学校公演で弾き始めると子どもたちが「あー、お正月の曲！」と声をあげる。「もういくつ寝るとお正月～」を弾いたわけではない。箏・尺八二重奏《春の海》なんだけど…。

まぁ、たしかにお正月ソングとなっているね。別になんの関係もないんだけど、お正月といえば和、和の音は箏、箏といえばこの曲ということか。

それくらい箏曲の代表になっているこの曲の作曲者は**宮城道雄**(一八九四〜一九五六)。

Q&A《春の海》ってどんな曲?

春ののどかな瀬戸内海の様子をあらわした曲で、箏は寄せてはかえす波、尺八の旋律は舟唄風のゆるやかな旋律を奏する。中間部はテンポが速くなり、勇ましく櫓をこぐ様《さま》を描いている。

一九二九(昭和四)年暮れ、翌年の宮中の歌御会始《うたごかいはじめ》の勅題「海辺の巌《いわお》」にちなんで作曲されたが、発表当初は人気がなく埋もれていた。

一九三二年に来日したフランスの女流ヴァイオリニスト、ルネ・シュメーがこの曲を聴いて感動し、一晩で尺八パートをヴァイオリンに編曲して自身のコンサートで宮城と共演、大評判となった。さらにレコーディングもおこなって、これが海外でも発売されてベストセラーになり、世界的に好評を博した。

これまでにフルートをはじめ、さまざまな世界の民族楽器とも共演されている。

私も尺八、ヴァイオリンのほか中国の二胡やインドのシタールと共演したことがあるが、ど

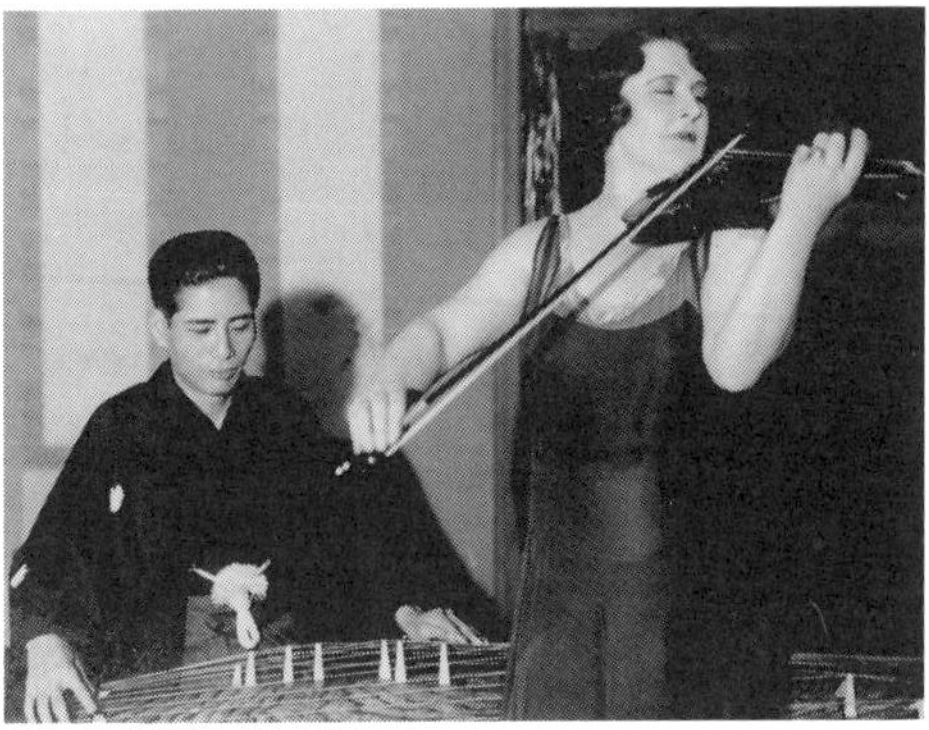
宮城道雄とルネ・シュメー（宮城道雄記念館）

ちらも音域が合わずかなり苦労されていた。

私があげる「箏曲史における三大革命家」は八橋検校、山田検校、そしてこの宮城道雄である。この三人には共通点がある。柔軟な思考の持ち主で、それまでの芸に満足せず、常識にとらわれず、そして勇気のあることだ。実際には三人とも楽器や爪を改作、新しい音楽や手法をとり入れ、多くの新曲を作っている。

まず宮城道雄の業績は『宮城道雄作品解説全書』（邦楽社）に「宮城道雄が邦楽界で初めて試みたこと」が十三項目に列挙されている。それをまとめてみると

1、初めて箏曲に洋楽の奏法をとり入れて作曲した。
2、初めて洋楽の音楽形式によって作曲した。
3、初めて本格的な洋楽曲を邦楽器で演奏した。
4、初めて洋楽の音楽家、洋楽器と共演した。

そのほか特筆すべき活動として、

○ラジオ、テレビ放送、レコード録音
○楽譜出版
○新案楽器の考案製作（十七弦、大胡弓、短琴、八十弦など）
○童曲の作曲
○入門集の編集と作曲
○音楽学校での指導（東京藝術大学邦楽科設置運動）

私が注目したいのは、十七弦（註19）の考案製作（一九二一・大正一〇年）と童曲の作曲である。いまでは合奏曲に欠かせない低い音域を受け持つ十七弦については、第3章（122頁）を参照していただきたい。プロの演奏家のなかには十七弦が得意という人も出て、十七弦独奏曲、十七弦協奏曲も登場している（註20）。

大胡弓は音量の小さい胡弓を大型化したもので、宮城道雄作曲の合奏曲に使われている。またピアノの音域を網羅した八十弦（註19）は一回演奏に使用されただけで、普及せず戦災で失われた。復元楽器が宮城道雄記念館（註21）に展示されている。

かくいう私も、初めて人前で演奏したデビュー曲は、宮城道雄作曲《ワンワンニャオニャオ》である。胡弓が犬やネコの鳴き声を模して入るので楽しい。

それまで箏曲には、子ども用の曲はなかった。初心者として早い段階で習う《黒髪》にしても、歌詞はとんでもなくエロちっくである。

「黒髪の　むすぼれたる思いをば　とけて寝た夜の枕こそ　独りぬる（寝る）夜の仇枕《あだまくら》……」

「愚痴な女子《おなご》の心も知らで……」

「よその香《か》の襟袖口に　つきてかよはば　なんのまあ…さめてくやしさ…」（《ままの川》）

（ちがう女の香水を服につけて来るなんて、どういうつもりなの！　クヤシイッ!!）

なんて、子どもには意味をどう説明したらよいかわからない。

小学生でほとんどの古典曲を習ったという師匠に聞いたときには、

「そんなもの、わかるわけないじゃない。『うそも情けもただ口さきでぇ～』なんて、意味もわからずただ大きな口をあけて歌ってたわよ」

と言っていた。

宮城の作った童曲には《ピョンピョコリン》《チヨコレイト》《夜の大工さん》など歌詞もたのしく、子どもが大きな声で歌をうたうことができる。写真にみる道雄も、子どもといっしょの舞台はとても楽しそうだ。葛原《くずはら》しげる（註22）作詞のものが多い。
さらに特筆したいのは《宮城道雄小曲集》というエチュードのすばらしさである。これほど体系立った入門集は邦楽ではなかったと思う。

童曲を演奏する宮城道雄（宮城道雄記念館）

一頁目のテンテンテンから、徐々に手法をマスターしていくのは当然であるが、練習用の曲の間に出てくる短い歌曲がすべて名曲なのである。弾き歌いが原則の箏曲に欠かせない歌を、曲を追うごとにレベルをあげて高度にしているので、いつの間にか弾きながら複雑な歌を歌えるようになっていく。三弦の入門集も同様である。器楽の練習曲ではパートを交代して合奏、段合せもできるようくふうされている。

かれの伝記で本が何冊も出版されているくらいであるから、その業績はとても一言では伝えられない。とにかくいままでも「宮城曲」という四〇〇曲を超える作品群は、現代邦楽への過渡期におけるひとつのジャンルを確立している。

しかし、宮城はたんに目先の斬新さのみを求めたのではない。たくさん残した随筆に書いているごとく、

「あくまで伝統を生かしたうえで、新しい時代の流れにそった新芸術の創造」であったことに価値がある。

宮城道雄に影響を受け、おなじ意識で新しい活動をした人に吉田晴風《せいふう》、中尾都山《とざん》（尺八）、中島雅楽之都《なかしまうたしと》（正派初代家元）、田邉尚雄《ひさお》、町田嘉章《かしょう》（音楽学者）、本居長世《もとおりながよ》（童謡作曲）らが出た。かれらの活動を「新日本音楽運動」（註23）とよぶ。

（註19）十七弦、八十弦は製作当時は「絃」と表記。

（註20）十七弦を主奏楽器としてあつかった最初の曲と、最初の独奏曲は122頁参照。

（註21）宮城道雄記念館……新宿区中町35。宮城道雄の晩年の住居跡地に建てられた、日本で最初の音楽家の記念館。

（註22）葛原しげる（一八八六―一九六一）……童謡作詞家。葛原勾当の孫。《夕日》（ぎんぎんぎらぎら～）、《キューピーさん》などを作詞。

（註23）新日本音楽運動……一九二〇（大正一〇）年に東京で開催した宮城道雄と本居長世の合同作品発表会に対して「新日本音楽大演奏会」と、吉田晴風が命名して以来定着した語。中尾都山は都山流の流祖。

7、現代邦楽

世界への発信

邦楽偏見の風潮

やがて日本は第二次世界大戦で敗戦国となり、またもや価値観が正反対となる時代をむかえる。

戦時中は、西洋の楽器は敵国のものとみなされ、邦楽器や日本の音楽が優遇された。

私の師匠も、その先生に連れられて何度も軍の駐屯地に慰問演奏に出向いたと聞いた。箏を弾き始めると、兵隊さんのなかには自分のわずかな荷物に尺八を持っている人もいて、飛び入りでいっしょに演奏に加わったそうだ。

それが、終戦とともにまたもや西欧文明、文化が上という意識に世の中が染まってしまう。

ある小学校の音楽の授業で、その土地の民謡を歌わせていたら校長先生がとんできて、

「そんな低俗な歌を学校で歌うとは何ごとか！」

と怒鳴ったそうだ。

戦後、東京音楽学校と東京美術学校が合併して、現在の東京藝術大学創立が決まったときに、最初の政府の計画ではなんと音楽学部に邦楽科は含まれていなかった。

我が国で初の国立芸術大学に、その国の音楽を学ぶ場がないなどとんでもない、と宮城道雄や音楽学者の吉川英史《きっかわえいし》らが文部省、GHQ、世論に訴えて血のにじむような「邦楽科設置運動」を展開した。その論争は国会にまで持ち込まれた（註24）。

その結果、他学部から一年遅れの一九五〇（昭和二五）年に、箏曲と長唄の二種目による邦楽科が設置された。

当時の有識者たちが、いまでは信じられないような邦楽偏見の持論を堂々と新聞で述べていたことに、おどろくとともに時代のちがいを感じる。先の世代は、洋楽界からは同格の音楽と扱われず、ずいぶん辛い思いで耐えてきたのである。

（註24）『三味線の美学と芸大邦楽科誕生秘話』吉川英史著（出版芸術社）参照。

昭和後期の展開

Q&A 「現代邦楽」とは？

「現代邦楽」とは、邦楽器を主体に用いた現代の新作曲の総称である。初めてこのことばが使われたのは、一九四七（昭和二二）年、NHKのラジオ番組「現代邦楽の時間」であった。

それから二〇年近くを経て、ようやく六四年以降に現代邦楽はめざましく進展する。まず洋楽系の作曲家が邦楽器を用いての作品を発表し始めた。邦楽の演奏法の上に、洋楽の演奏スタイルやテクニックをとりいれた器楽曲が主流である。演奏家が積極的に委嘱したことがきっかけとなった（註25）。

それに対して、邦楽演奏者のなかからも、名曲が数多く生み出され、演奏されてきている（註26）。またこれにともない、個人の芸であった邦楽であるが、合奏曲を演奏するグループが登場する。定期的な合奏訓練を受けたメンバーによるステージは、人々に新鮮な感動を与えたにちがいない（註27）。特に、流派を異《こと》にする横山勝也、山本邦山、青木鈴慕による「尺八三本会」の結成は画期的なことであった。

楽器も、多弦箏、多孔尺八、大胡弓や大三味線といった、演奏者が考案した新案楽器が続々とあらわれる（註28）。

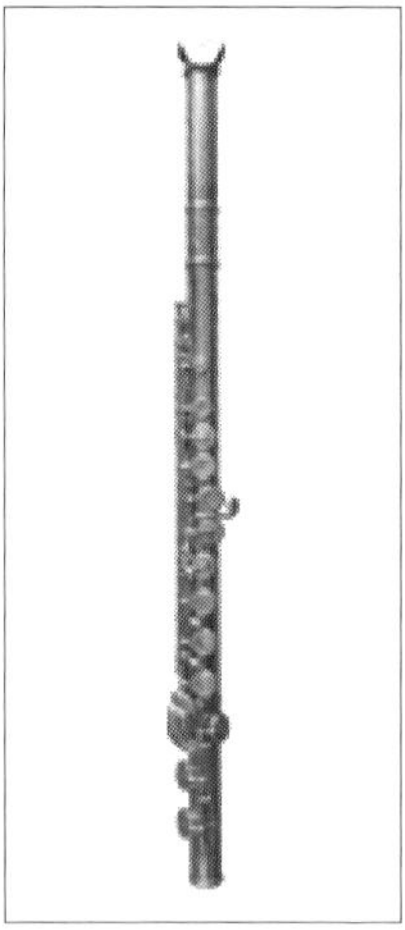
オークラウロ
（大倉集古館）

二〇一八年、幻の楽器とされていたオークラウロを使った「オークラウロ・プロジェクト」というグループのコンサートを聴いた。

オークラウロは、ホテル・オークラ創業者である男爵・大倉喜七郎が開発した楽器で、尺八とフルートの折衷といってよい。一見縦型のフルートのような金属管楽器で半音進行に適するが、歌口を工夫することによって尺八のようなあたたかい音色になっている（186頁参照）。メンバーが開発したアルト管、バス管を交えたアンサンブルも披露された。あまり普及しなかったこの楽器がよみがえり、古き時代を思い起こさせ製作者の夢をつないでいることがうれしかった。

昭和三十年代にはいって公的機関もやっと腰をあげ、日本音楽に対して力を入れ始める。学校教育に少しずつであるが浸透してきて、二〇〇二年度には中学校の音楽の授業で、和楽器の

邦楽と洋楽による現代邦楽

習得が必修と文部科学省の学習要項で決定した。以前にくらべ音楽の教科書にも邦楽や民族音楽のページや鑑賞曲が増えた。

文化庁が芸術祭公演を企画、NHKなどが番組を作り、各機関がコンクールを開催し、レコーディングも盛んにおこなわれるようになった。

本来は家庭での個人教育という歴史をもつ邦楽であるが、各地に設立された芸術大学に邦楽科が設置され、正派音楽院、NHK邦楽技能者育成会（二〇一〇年に終了）などという専門家養成の場も重要な役割りを果たすようになった。

しかし、これらはすべて宮城道雄が最初におこなったことを発展させたものといえるだろう。

現代では、純粋に音楽、楽器としてグローバルに発信され、若手プレイヤーたちが新鮮な活動で邦楽界を引っぱっている。洋楽はもちろん、世界の民族楽器や芸能とコラボがおこなわれている。尺八などは海外で大規模な国際フェスティバルが開催され（二〇一八年はロンドン）、たいへん注目されて愛好者が多い。

ただし、宮城道雄が言うように、あくまで古典を基礎とした芸でなくてはならない。「始まり」があっての「現在」であり、その間先人たちが継承してきた邦楽である。

たくさん問題は抱えているが、将来にむけてさらに発展させなければならない。

（註25）洋楽系の作曲者では石桁真礼生《いしけたまれお》、入野義朗、清水脩《おさむ》、牧野由多可、間宮芳生《みちお》、小山清茂、伊福部昭、平井康三郎、三木稔、長沢勝俊、藤井凡大《ぼんだい》らが邦楽器の作品を多く残している。
また、委嘱者の魁としては鈴木嘉代子、邦楽4人の会、尺八「三本会」、日本音楽集団ほかがあげられる。

（註26）邦楽関係の作曲者としては中能島欣一、杵屋正邦、唯是《ゆいぜ》震一、小野衛、松本雅夫、衛藤幸明《えとうこうめい》、坂本勉などがいるが、とくに唯是震一は宮城道雄の作曲数を超え、その形式も様々なジャンル、邦楽器におよんで特筆すべき業績を残した。

（註27）「邦楽4人の会」、「民族音楽の会」、「日本音楽集団」、「日本合奏団」、尺八「三本会」、「宮城合奏団」、「正派合奏団」など。

（註28）一九六九年に誕生した二十弦箏は、いまや箏のひとつの種類として親しまれている。第3章121頁「多弦箏」参照。

第3章

おこと「箏」について
（楽器編）

1、楽器の素材と構造

箏は何の動物をかたどっている?

小学校の学校公演や音楽の授業で、クイズを出す。

「おことはある動物をかたどっています。さてなんでしょう?」

子どもたちは、目の前にある箏を見て首をかしげて考えている。

「ハーイ、ウマ!」

「ワニ!」

なるほど、姿は似ているね。でも不正解。そのうち、

「ツチノコ!」

という答。私は今までツチノコにお目にかかったことがないが、その付近では出没するのだろうか。

「ではヒントです。さっきこのおことは、日本で出来たのではなく、中国で生まれた楽器だ

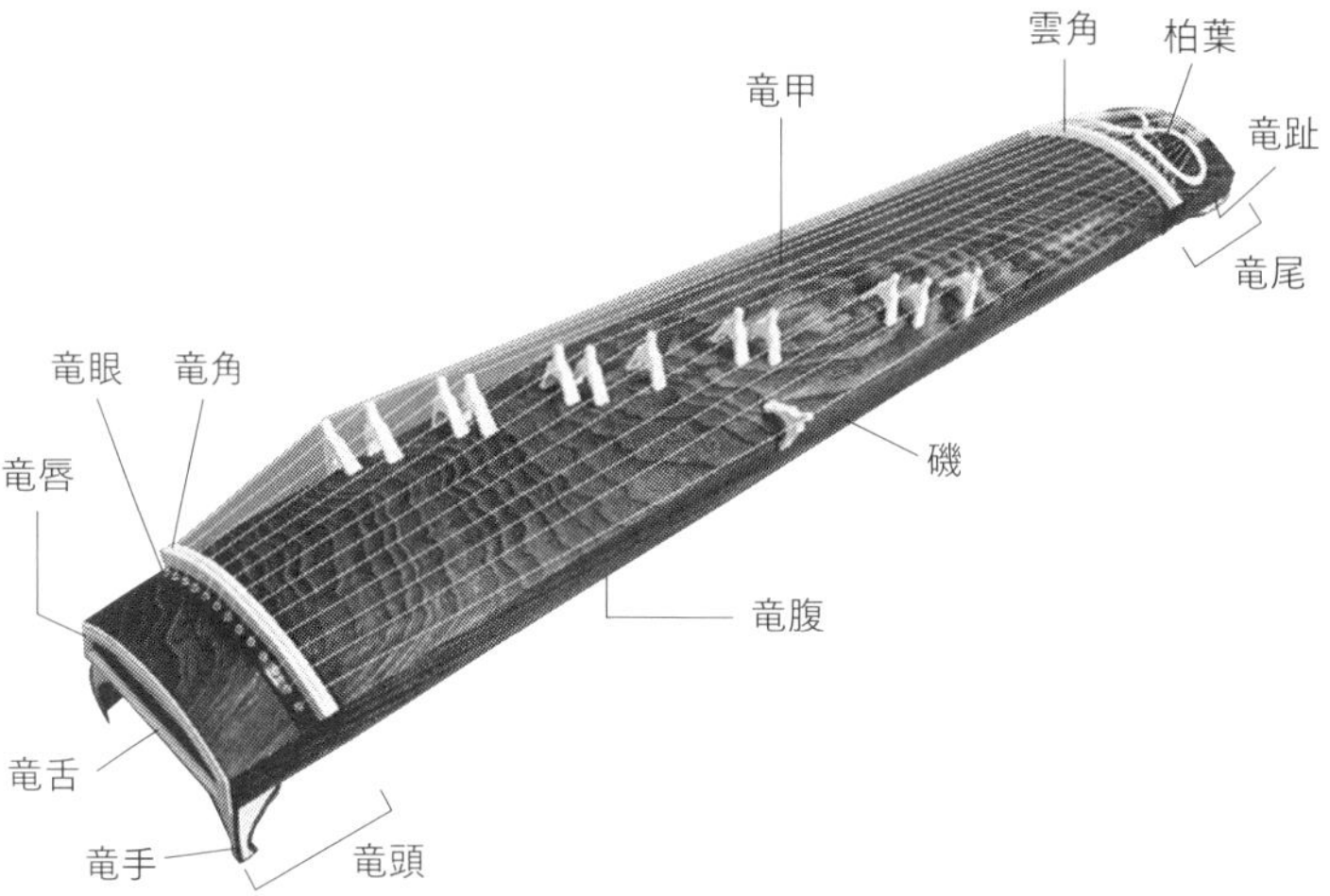

箏の各部の名称

って言いましたね？」

「あ、パンダ！」

やっぱりね、これ、絶対出る。「でもそんなに太ってないぞ」で正解は竜である。

この図を見てわかるように、楽器全体を竜にたとえて部分名称には「竜」の字が多くつけられている。演奏するほうが頭で左が尻尾だ。眼は十三ある。竜唇《りゅうしん》のなかには竜舌《りゅうぜつ》があって、この材質によって音質も変るし、ここに箏銘や絵柄が蒔絵で描かれているものもある。

この部分を見せて、「口の中にあるのはなに？」と聞くと、

「わかった、竜タン！」

焼肉じゃありませんって。

Q&A なぜ箏は竜をかたどっているの？

箏といえば、日本の楽器（和楽器・邦楽器）を代表するもののひとつである。

しかし実は、メイドインジャパンに非ず、中国で生まれて古代に〝**雅楽**〟という芸能のなかの楽器として日本にやってきた（第2章参照）。雅楽は、主に宮中、神社仏閣の儀礼や貴族たちの教養としておこなわれた。

箏は形も竜に似ているが、そんな歴史から、中国でも日本でも身分の高い上流階級層が弾いていた。竜は伝説上の動物であるが、高貴で優れたものの象徴とされている。

偉大な王のことを竜王、王様の席を竜座、天皇の顔は竜顔、竜宮城、竜虎…。沖縄の首里城でも柱に竜が巻きついているし、中国の皇帝の衣装には竜が刺繍され、お寺の屋根には立派な竜がいて守っていた。その爪が五本のものは位の高いお寺だときいた。

寺院の塀の竜（上海）

その胴体は？

ボディの材質は桐である。

五〇〇円玉の裏にデザインされているのだが、あまり意識されていない。

六月ごろにあちこちの山に紫色の花が三角の形に咲く。日本の木のなかで最も軽くて湿気を通さず狂いが少ないので、たんす、下駄、火鉢などに古くから使われてきた。

桐の原木と天日干しの甲（みつや琴製造株式会社）

昔は女の子が産まれると庭に桐の木を植え、成人してお嫁にいく頃に成長したその木を切ってたんすを作って持たせたという（私の師匠は箏と言っていた）。そのくらい成長が早いのだ。

二〇〇二年度に中学校の音楽の授業に和楽器の習得が必修と決められてから、学校教材用にカナダや中国産の安価な桐材による箏が多く生産されるようになった。

しかし、外材というのは成長が早く大きいだけあって、材質が軽くて目が詰まっておらず、またていねいに時間をかけて制作していないためにねじれてしまうことが多い。ひと言でいえば、大味《おおあじ》なのである。音も遠音がきかずポコポコしているが、それでも限られた学校予算のなかで、子どもたちに本物を提供することはたいせつである。

　全国のすべての小学校に、ピアノとおなじように箏が必ず何面かはおいてあるという日が来ないだろうか。だって日本の楽器なんだから。

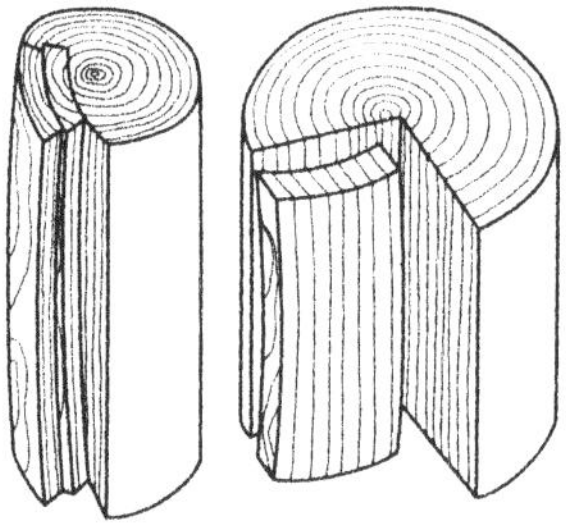

板目と柾目の木取り図

　もっとも良いのはやはり会津桐である。

　山や生えている場所によってランクがあるのは、ワインを作るブドウと同じだ。

　年輪はバウムクーヘンのように同心円ではない。原木からの取り方を〝木取り〟という。同じ木でも、陽の当たらない北側が詰まっていて硬いので、音が締まって良いとされる。

　また図のように、年輪に直角に取った楽器を〝柾目《まさめ》〟という。木目は側面の〝磯《いそ》〟の部分に現れる。音質がまろやかで、音ムラがないのが特徴といえる。その原木からどんな楽器を何面取るのかという、木取りが職人の腕ということになる。

　一般的な〝板目〟で二〇～四〇年、柾目ならば五、六〇年の樹齢の木が必要だ。

兼六園のことじ灯籠（金沢）

右は巾柱、左は小柱

楽器を選ぶときは、信頼できる師匠に相談してアドバイスを受けるとよい。

ズラリと並んでいる楽器を見ても、おなじ予算であっても自分にどれが合うのか、経験がないと判断しにくい。結局「私、この模様がいい」と木目の好みで選んでしまうことになる。

買う人の年齢、初心者か経験者か、練習用か本番にも使用するのか、ソロ用か合奏用か、ベストの楽器になるのかナンバー2以下なのか（使用頻度や、現代曲の演奏が多いプロになると、自然の木は年月が経つと徐々に音が衰退していく）。そして何よりも、その人のタッチに合う木質の楽器を選んであげることが肝要だ。それを判断できる目は経験で育むしかない。

一般的な調弦をして、箏柱が立つ位置の甲が、木目のムラがないほうがよい。夏目（白い部分）はやわらかいので、転調などで箏柱を動かしていると、使っているうちにそこだけ掘れて甲の面に凹凸ができてしまう。節があったとしても、音に影響のない場所（箏柱の立たない場所）であれば関係ない。

楽器のランクによって、部品や飾りの材質と形もさまざま……これは楽器屋さんに説明してもらってください。

箏柱

各弦に「箏柱《ことじ》（柱《じ》）」とよぶブリッジを立てて、それを左右に移動させて音を合わせる。音は弦を支える〝竜角《りゅうかく》〟と柱との弦の長さで決まる。

私の出身地である金沢の兼六園のシンボルは、箏柱の形をした「ことじ灯籠」である。観光客がみな立って写真を撮っている手前の石橋は、箏の甲をあらわしている。

Q&A なぜ「柱」と書いて「じ」と読むの？

この質問の答えを書いてある本は知らない。

箏柱は、弦に立てて音程をつくる道具であるから、広い意味で「駒」の一種といえる。琵琶や月琴《げっきん》（註1）などのフレットのことを「柱」とかいて「ぢゅう」というが、ここからきていると考えられる。
とすれば、正しい表記は「ぢ」であるが、ちょっと病気を想像してしまうかも……。

Q&A 箏柱の材質は？

箏柱の材質も時代によって変わってきた。

戦後でも、まだ木製の黒い箏柱が使われていた。今よりもかなり華奢で足も細く、弦が触れる頭の部分だけが象牙や骨などの固い材質であった。

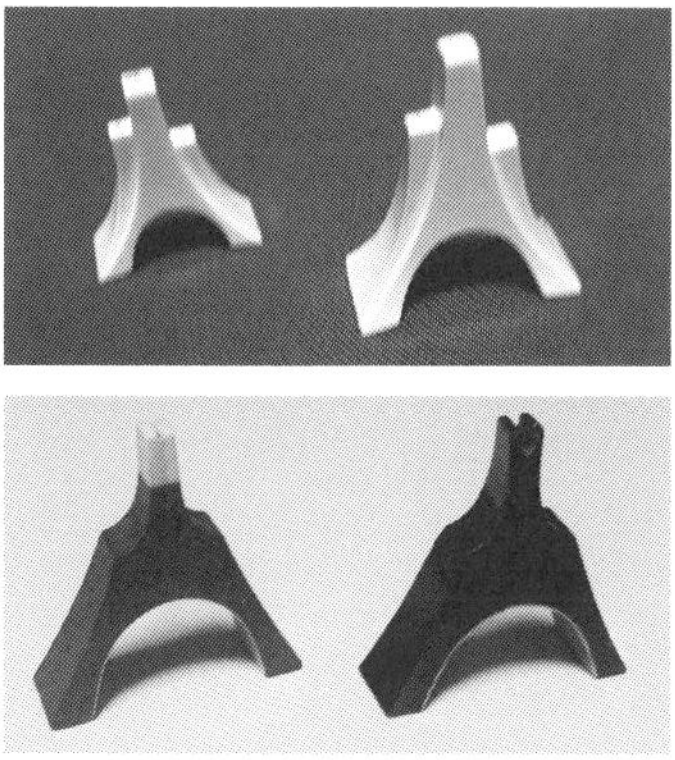
三段柱、木製柱

どうしても音量的にはか細いので、激しい現代曲や大きなホールでの演奏をするようになって用いられなくなったのだろう。
現在では一般的にプロは本番では象牙製を用いるが、ワシントン条約（一九七三年）以来、その輸入が管理（べっ甲は完全禁止）されて入手が困難となっている。
練習では樹脂（プラスチック）製のものを使っているのだが、象牙との音質にはかなり差がある。早く音色のよい代替品ができないかと、みな心待ちにしている。

柱には〝巾柱《きんじ》〟〝小柱《こじ(しょうじ)》〟〝三段柱〟などがくふうされて便利になっている。

（註1） 月琴……中国の民族楽器。丸胴の弦楽器で、日本では長崎に入ってきておこなわれていた明清楽《みんしんがく》に用いられた（37頁写真参照）。

2、弦について

糸の革命

桐の胴体に、十三本の弦が張ってある。

向こうの弦から「一、二、三……十、斗、為、巾」と名前がついていて、どんな調弦（音の合わせ方）をしてどの弦を弾くようにと書いてあるのが箏譜である。三味線譜も尺八譜もおなじ奏法譜（タブラチュア）であり、五線譜のように実音を表記したものではない。

Q&A「斗、為、巾」という弦名はどこからきたの？

雅楽の楽器として日本にやってきた古代から、楽譜があった。最初は十三本の弦に、「仁《じん》、智《ち》、礼《れい》、義《ぎ》、信《しん》、文《ぶん》、武《ぶ》、斐《ひ》、蘭《らん》、商《しょう》、斗《と》、為《い》、巾《きん》」という名前がついていた。貴族や寺社など身分の高い教養人がおこなっていたものなので、むずかしい漢字も平気であった。第二章で述べたように、箏は奈良時代に雅楽のひとつの楽器として中国から伝わった。その雅楽の秘伝書である『教訓抄』（狛近真《こまちかざね》著・一二三三年）の「巻第八」に、これらの弦名が紹介されている。

その後いつからか、最初から数字をあてはめるようになり、手前三本は二ケタになって楽譜がまぎらわしいので、斗、為、巾の三つだけ残されたのである。

『教訓抄』には、十三本という弦数についても、「十二ヶ月から十二本となり、後から閏月《うるうづき》をあらわして一本を加えた」という記述がある。

今、もとのむずかしい弦名でなくてホントによかった……。

学校での授業や体験教室など、短時間で成果を出さねばならないときには、竜角の左側の甲に弦の名前を書いた細長い紙を貼ることもある。向こうから一、二、三……と弦の下に見えるようにするのだが、身長や見る角度によっては、ずれてかえって不都合である。場合によっては、竜角のあたりに、中央の七の糸に印をつけるとよい。

海外でのワークショップの場合は、算用数字を使う。

原則として、すべておなじ太さの糸をおなじ強さに締める。締め具合は、その曲の音域や演奏者の要求に合わせるので、専門家はその都度指示して箏屋さんに締めてもらう。

以前はすべて絹糸であった。独特の味わいのある音色で手にやさしいのだが、何度か弾くと切れてしまう。男性の演奏家は自分で締めていたが、女性の力では本番用の糸締めはむずかしく、箏屋さんに締めてもらわねばならない。

本番では必ず新しい糸（新糸《あらいと》）を締めて弾くが、たまに曲の途中で切れることもあって、独奏のときは箏屋さんが舞台のそでで替え箏を用意してハラハラしながら見守っていた。

演奏中に切れたときにいかに対応するか、演奏家の腕の見せどころでもあった。

よくおぼえているのは、あるコンサートでの二重奏を聴いていたとき、師匠にあたる人の楽器の糸が切れた。〝替手《かえで》〟という伴奏パートであったが、部分的には〝本手〟とまったくおなじことを弾く曲だ。切れたときは二重奏だったので、その糸の音を隣の糸で代用して弾き続け、本手とおなじ旋律のところにきたとき、舞台袖にチラッと目配せ、すぐに箏屋さんが出てきて替え箏と交換、その間わずか数秒という見事さであった。

体験教室での糸締め実演

また、絹糸はライトによる温度の変化や湿度などによって音が狂いやすい。

現在は絹糸の生産も少なくなり、ほとんどの演奏家がテトロン弦を使用している。音質の改良も進んで、何より狂いにくく切れないのは安心である（もちろんテトロンもよほど消耗していれば切れるし音質が悪くなるので、本番前など定期的に締めなければならない）。

日本の箏の源流である中国はじめ、アジアの箏の多くが、現在はスチール弦を使っている。民族楽器ではあるが、音色はまったく別のものに変ってしまった。

二〇一五年、上海での楽器博覧会「ミュージック・チャイナ」に出店した日本のブースでは、三味線糸のメーカーが絹糸を紹介して注目を浴びていた。蚕のマユも展示していて、シルクロード沿線では絹糸がふつうであったはずなのだが、珍しい物になってしまっている。

最近では再び、新しい絹糸の研究がされている。絹独特の音や弾きやすさを保ちつつ、かつ切れにくく狂わないという製品だ。聴き比べなどのイベントを通して普及を図っている。


糸締めの状態の良し悪しは、演奏家にとって大変重要な要素である。これが良い状態でないと演奏にも影響してしまう。強すぎては押手がきつく、弱すぎては音に伸びがなく早いタッチの曲では爪が潜って弾きにくい。

ほとんどが付き合いのある箏屋さんに締めてもらうが、曲はもちろんのこと演奏家の好み、その時の状態、楽器の相性などをよく把握してくれていないと、良い締め上がりにならない。たいせつなステージでは、担当の楽器屋さんもともに緊張して見守り、良い演奏のあとは自分も奏者とおなじようにいっしょに喜んでくれる同志なのである。

木之本にある楽器の糸のメーカー、丸三ハシモト株式会社の工場を訪問、見学させていただいた。滋賀県のもっとも北の奥琵琶湖に近い、日本海から京都までの〝鯖街道〟が通る古い街並みも残した静かなところである。

ここでは三味線、箏、琵琶、胡弓ほか中国伝統楽器までおよそ四〇〇種類の糸を製造している。

独楽撚り（丸三ハシモト株式会社）

なぜ滋賀県なのかとずっと疑問に思っていたが、想像どおり気候や水が糸作りに適しており、蚕のエサである桑がよく育つので、古くより良質な生糸《きいと》の産地であったそうだ。需要の多い京都や奈良に近いのも利点であった。
毎年六月から七月にかけて、女性たちによる〝座繰《ざぐ》り〟という昔ながらの工法で、繭から生糸にする糸取りがおこなわれている。この時期の〝春繭〟は、蚕が桑の新芽を食べるためセリシンというたんぱく質が多くふくまれ、音色がよい耐久性のある絹糸になるという。
そこからの伝統技術による製造工程がおよそ十二あり、細かなチェックと時間をかけて、一本ずつの糸ができあがることを知った。
とくに、初めて実際に見せていただいた〝独楽撚《こまよ》り〟

という作業は、職人さんの息のあった動きと技術に感心してしまった。三味線の三の糸は繭六〇〇個、箏で三〇〇個分の糸から作られるそうだ。

長い作業場に無数に張られた〝糸張り〟の段階では、すべて指でさわって少しでも凹凸がないか調べてハサミで調節する〝節取り〟をおこなう。

節取り（橋本英宗社長）

絹弦にかぎらず、テトロンやナイロン原糸を使った糸も製造されており、伝統と新商品の開発を両輪としておられる。

橋本英宗《ひでかず》社長さんは、古き良き音色をたいせつにする一方で、時代と演奏者のニーズに応えていくという姿勢をもたれている。演奏者といっても分野もさまざま、プロの方はそれぞれの好みや主観をもっているはずである。ひとくちに対応するといってもとてもたいへんなことだと思うが、真摯に感想や要望に耳をかたむけ、ひたすら心にひびく美しい音色を追求しておられる。

いつもそれほど深く考えずに使っていた糸が、こんなに手間ひまをかけて作られているということに、いっしょに見学した人たちもおどろいていた。もっとたいせつに扱わなければね、と話し合いながら、名物の鯖寿しをほおばった（註2）。

（註2） 二〇一八年七月には、会長である橋本圭祐氏が、先代と二代続けて国の無形文化財である「選定保存技術保持者」に認定された。

3、爪について

箏を演奏するときは、右手の三本の指に箏爪をはめてそれで弦をはじく。指、ギターのようなピック、三味線のバチ（撥）などで「弦をはじいて音を出す」種類の弦楽器を、「撥弦《はつげん》楽器」と分類する（ほかは弓で弾く「擦弦《さつげん》」、弦を叩く「打弦」がある）。

箏爪の変遷は、その歴史とともに様々な形や大きさのものが現れた。現行のものでは、楽箏・八橋流・生田流・山田流・沖縄箏曲の爪がある（箏曲史順）。主流となっているのは、生田流の角爪と、山田流の丸爪である。

材質は象牙、輪の部分は和紙、皮などがある。現代箏曲で、多くの新案楽器が登場するにつけて、爪も演奏家がいろいろ工夫をこらして作らせてきた。たとえば十七弦のように弦の太い楽器には大型で厚め、二十五弦箏など速く細かい弾き方が要求されるものは小さめなど、という具合だ。人によって好みもある。

箏爪における現代の問題点は、三味線のバチや箏柱ほど大きくはないが、象牙が輸入禁止になって以来、高価なものになってしまったことだ。学校の部活や、初心者であっても爪だけは各自のものが必要なので、在庫とともに将来の課題である。

さらに、学校での授業や体験ワークショップがふえてきて、大きさのちがう輪をつけた何十個もの爪を用意するのがたいへんである。爪の輪の大きさが指に合わないと、すぐに抜けてしまったり、指が痛くなってしまったりして、箏そのものに興味を失ってしまう。

楽箏（雅楽）

八橋流

生田流

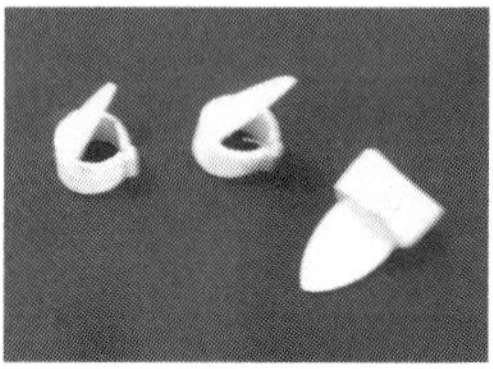
山田流

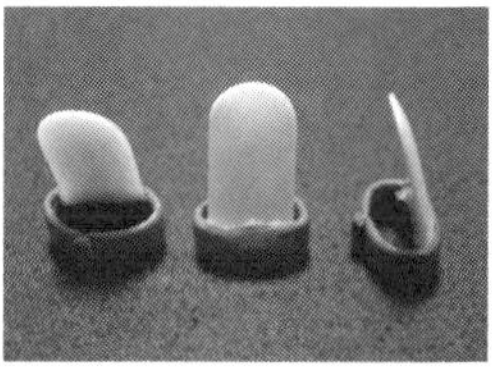
沖縄箏曲

自治体によっては、プラスチックの爪にマジックテープの輪を付けた、類似品で対応するところもある。だが、もちろん音質がちがい、演奏もなかなかうまくいかない。

教育センターが楽器とともに本物の爪を備品としてたくさん所持しており、期限を決めて申込みのあった学校に貸し出しているところもある。たとえ安価なものであっても、子どもたちには本物を知ってもらいたい。

とはいえ、かぎられた予算内で希望どおりにいかないことも多く、悩めるところである。

4、新しい箏の発展

多弦箏

（本書ではすべて〝弦〟に統一する）

一九二一（大正十）年に「箏曲中興《ちゅうこう》の祖」とよばれる宮城道雄が、低音箏として考案したのが〝十七弦《じゅうしちげん》〟である。ボディと箏柱が大きく十七本の弦も太いので、箏がヴァイオリンだとしたら、チェロかコントラバスの音域にあたる。今ではアンサンブルには欠かせない楽器となっている。

Q&A　十七本という弦数はどこから？

かんたんにいえば、箏は基本的な調弦法は五音音階なので、十三弦ならば約二オクターヴの音域をもつ。十七弦の低い音は押手で音を作ることがむずかしいため、七音音階（ド、レ、ミ……など）で調弦する。箏にない音を二つ増やして、それが二オクターヴで四本を足したと考えられる。

そして宮城道雄は、十七弦を使った多くの名曲を残している。《瀬音》（箏・十七弦二重奏）や《落葉の踊》（箏・三弦・十七弦三重奏）ほか合奏曲でも大活躍している。

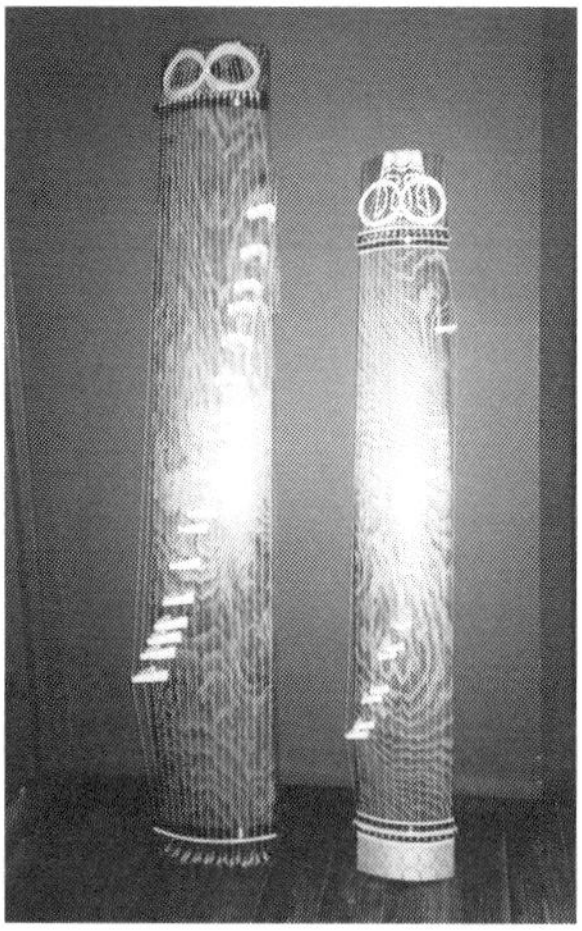
箏と十七弦（左）

現代邦楽では、十七弦独奏曲、十七弦協奏曲も数多く作曲されている。最初に十七弦を主奏楽器として扱ったのは、唯是震一《ゆいぜしんいち》作曲の《十七弦と箏群のための協奏曲第四番》（昭和三五年）、独奏曲は牧野由多可《まきのゆたか》の《十七弦独奏のための主題と変容 風》（昭和四〇年）である。

実は宮城は、ピアノとおなじ音域をもつ〝八十弦〟というとてつもない大型の箏も考案、創作している。昭和七年、日本青年館で一度だけ自作の曲と、バッハの《プレリュード》を演奏した。好奇心旺盛な発明家であったようだ。

しかし、十七弦とちがってこちらのほうはあまり評判がよろしくなく、図体がでかいので家人にジャマ者扱いされたあげく、東京大空襲で焼けてしまった。現在、復元されたものが、宮城道雄記念館の展示室まん中にデンと置かれている。

八十弦を弾く宮城道雄（宮城道雄記念館）

さらに現代邦楽において新しく開発され、登場した多弦箏が何種類かあり、今盛んに弾かれている。

箏の一番の短所といえば、音域が狭いことである。特に七音音階で調弦する現代曲では、異なる調弦のパート

二十五弦箏演奏（野坂操壽）

を増やして音域を広くするしかない。また、細かい半音進行の曲などは、どうしても弦数が多い方が音の粒をそろえてきれいに表現することができる。

そのような不便さを痛感していた演奏家が、自ら考案、楽器屋さんとともに試行錯誤を重ねて完成させてきたものである。

三十弦（一九六六・初代宮下秀冽）、二十弦（一九六九・野坂恵子（現・操壽）、二十一弦もある）、二十五弦（一九九一・野坂恵子）が開発、発表された。これらは弦の太さや竜角の高さに変化をつけ、金属製のピンで弦の強さを調整できるように工夫されている。

ハープを横にしたようなものだが、箏爪によって力強く豊かな音量が出る。細かなテクニックを駆使して、新しい箏の音楽が生き生きとあらわれている。

特に二十弦箏は、三木稔、伊福部昭らの作曲家によって作品も続々と生み出され、今では演奏する人もファンも増えてきて、現代邦楽の一画を担っている。今年誕生五十周年を迎えるので、各地で記念のコンサートが企画されている。

短い箏

「おコトの実技の指導をおねがいします。コトはこちらに一〇台（?）あるので、それを使っていただきます」

（箏を数える単位は〝面〟である）

という依頼を受け、いざ下見にいってみると、おっしゃるように「コト」は買ってあるのだが、いわゆるミニ箏という長さの短いもので、本来の箏ではない。しかも棚のなかに横にして積んであるため、ピンの部分が壊れて調弦ができないではないか。

これでは指導はできない。どうしてもやれといわれれば、いろいろな種類の箏柱を使ったり、逆柱《さかじ》（音高順に並ばないこと）にしたりしてやらないこともないが、無理なときもある。またこれが「箏」だと思われたくない、という気持ちがある。

ピアノが場所をとるから、という理由で、学校がミニチュアのおもちゃのピアノで代用することはしないだろう。

「餅は餅屋」である。楽器購入などの際は、予算を含めて専門家に相談するのが一番よいのではないかと思う。学校や役所関係は、担当者が異動になって代わると、せっかく購入しても使われなくなっていることが多い。人によって熱意にも温度差がある。

そもそも短い箏は新しい創作と思われるかもしれないが、最初は宮城道雄が小型の「短琴《たんごと》」を考案している。一九三二年に鶴川琴三絃店が製作して、四尺（約一二〇センチ　ふつうは六尺）の箏を発売した。しかもネジによって、素人でもかんたんに糸締めができるような工夫までされていた。ほんとうにアイデアマンである。

しかし、やはり音量、音質の欠点のため、こちらは十七弦のように普及はしなかった。

短い箏は、調弦が限られてしまうし音色もまったくちがうので練習用であってももちろんおススメはできない。楽器として本来の姿ではなく、ましてや子どもたちには正しいものを知って触れてほしい。

ただ、かたくなに否定するのも柔軟性がない。使い方によっては、便利な面もあるだろう。

たとえば、病気で長期療養を余儀なくされた演奏家が、病院のベッドの上で指を慣らしたり、暗譜の練習に使ったりしたと聞いたことがある。高齢者が家でちょっと弾きたいというときも、扱いが楽なのではないだろうか。

ホント、箏って運搬もたいへんだし、海外演奏では大きさと重量でオーバーチャージを取られる。共演する尺八家がうらやましいと、箏奏者はいつも思っている（と言えば、コントラバス奏者に怒られるかもしれないが）。

新案二つ折箏（下は竜腹の部分）

「折りたたみ式の箏ができればいいね」と冗談で話しているが、実ははるか中世にすでに存在していた。『方丈記』で有名な鴨長明が愛用していたらしい「折箏」が伝えられている。狭い方丈の部屋（四畳半くらい）でも使いやすいように工夫したのだろう。長さが一一五センチで、ちょうど甲のまんなかで二つに折れて竜腹を合わせる形になる。

「全国邦楽合奏フェスティバル」では、何度か二つ折れ箏が展示されている。しかし、三味線のように折って運ぶたびに糸を外すのは容易ではない。

いつの時代でも考えることはおなじ、先人の知恵はすごい。

伝統を重んじながら、決して止《とど》まることなく時代に即した新しい箏曲を改革する精神は、宮城道雄に通じる。若い力に押されて、将来への展望も開けているのではないだろうか。

第4章

アジアの箏・民族音楽体験記

1、韓国の音楽

私には娘が二人いる。だからよーくわかる。

こんな伝説がある。

中国の秦の時代に、ある人が瑟《しつ》を娘にゆずろうとした。「瑟」は二十五弦の幅の広い箏で、「琴瑟相和《きんしつあいわ》す」という夫婦仲のよいことをあらわすことばがある。琴（七弦琴）ととても相性がよく、調和したことからきている。一度、実際にこの二つの楽器のハーモニーを聞いてみたいと思う。

ところが、姉と妹で奪いあいのケンカとなった。その人は仕方なく、瑟を横に半分に切って、十三弦と十二弦の箏を作って、姉妹に与えたという。

のちに十三弦の箏は日本にわたり、十二弦の箏は朝鮮半島に伝わって新羅琴《しらぎごと》から〝伽耶琴《カヤグム》〟になったという伝説がある。なので、箏の字には「争」（旧字は爭）が含まれているという。

韓国はもっとも日本に近い国である。そして、民族的、気候的、歴史的にも一番深い関係にある。人の顔も見た目は区別がつかないし、市場にならぶ魚や野菜は、日本と似たものが多い。空気のにおいもおなじような気がした。

日本の文化、文物の多くは、古代以降大陸、半島から渡来したものであり、それを日本人は、自分たちの好みに合うものだけをあたためて加工して自分のものとしている。音楽、楽器もしかりである。

国楽演奏風景

半島の南端、日本海にのぞむ釜山《プサン》は韓国第二の都市で、関西空港から飛行機で九〇分、北九州からは三〇分の近さである。

二〇一五年五月三日、国立釜山国楽院で「日韓国交正常化50周年記念　韓日伝統芸術交流音楽祭」が開催され、私も参加した。

「国楽」とは、日本でいう雅楽にあたる。韓国伝統音楽、芸能の総称で、国内に四つある国立の国楽院ではプロの演奏団体を抱えて普及、育成の事業をおこなっている。大小のホールほかのすばらしい施設もふくめて、国が維持運営している。

国楽にあてる国家予算は約六一億五〇〇〇万円（二〇一四年）で、伝統文化には手厚く年々増加していると学会での報告があった。あまりに文化政策のお粗末な日本に比べて、うらやましいかぎりである。

イベントの内容は討論会、体験ワークショップ、両国の民族楽器共演による合同演奏会であり、私は討論会のパネラーの一人として「両国の伝統音楽、芸能の類似点と相違点について」という演題で講演した。

後半の質疑応答では、一般の方もまじって活発な意見交換がなされた。とくに日本伝統芸能独特の「流派」というシステムや、主に民間で伝承されてきたことについて質問が出た。日本側からも、国楽には地域や伝承ルートによるちがいがあるのか、どんな楽譜を使っているのかなどをたずねる声があがった。

日韓伝統楽器体験ワークショップ
（伽耶琴を習う著者・左）

ワークショップでは、箏と伽耶琴、三味線と奚琴《ヘグム》、尺八と大笒《テグム》（131頁の写真の弓奏弦楽器が奚琴、横笛が大笒）という似た楽器どうしが部屋を分かれておたがいに体験し合った。

私は箏の兄弟のような伽耶琴をたっぷり教わって、奏法や音のあつかい方にさまざまな共通点があることを知った。

二〇一八年に「東アジア文化都市2018」の開幕式典演奏のために渡韓した際にも、同国楽院を再訪、院長先生の歓迎を受けた。伝統音楽と舞踊の公演を拝見、練習風景も見学させていただいた。

常にこのように、自国の伝統文化を発信している姿勢と愛着心を、日本は見習わねばならない。

伽耶琴《カヤグム》

韓国の箏

十二本の弦は、中国の楽器のようにスチール弦ではなく絹糸であり、頭も足も丸みをおびた箏柱を立てて調弦する。半音をふくまない音階である。

玄琴《コムンゴ》と杖鼓《チャンゴ》

雅楽用（正調伽耶琴）と俗楽用（散調《サンジョー》伽耶琴）の二種類があり、少し形が異なる。

箏爪は使わず指ではじく。左手は弦を細かく押してヴィブラートのように余韻を変化させることが多い。この奏法を〝弄弦《ろうげん》〟とよぶそうだが、「弦を弄《もてあそ》ぶ」とはなんてピッタリの表現だろう。

　プロの演奏を聴くと、人さし指を前後に早く動かして、かなりのテンポで力強い音が出る。曲の途中での転調もあると聞いた。

　宮廷音楽から民俗音楽まで広い分野で使われており、独奏による弾き歌いが多いが、〝杖《チャン》鼓《ゴ》〟という太鼓の伴奏がつくこともある（註1）。

　ツィター属の弦楽器でもうひとつ韓国の伝統楽器に〝玄琴《コムンゴ》〟がある。古代日本に伝わっており、朝鮮三国の「三韓楽」のひとつ、「高句麗楽《こうくりがく》（高麗楽《こまがく》）」のなかにあった「臥箜篌《がくご》」がそれである（註2）。

六弦で、形は箏に似ているが、十数枚の板状のフレットと柱の両方がある。さらに珍しいの

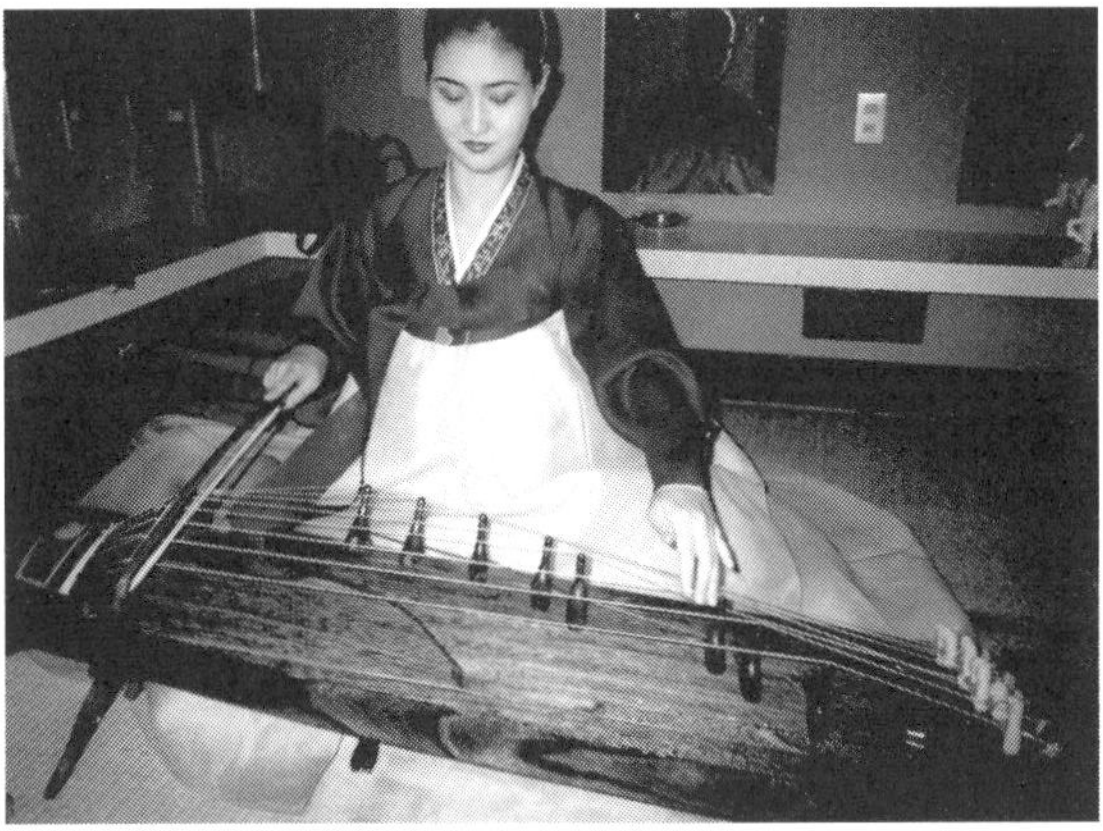
牙箏《アジェン》

は、打弦《だげん》楽器であり、細い木製の棒で弦をバシバシと叩くように演奏する。その場所には甲に厚い革が貼ってあり、強く叩いたあとが残る。

オゥルリムという民間の国楽演奏グループと交流したときに、玄琴の奏者は強く叩くせいか弦が切れて、演奏中に楽器を持って下がってしまった。

さらに〝牙箏《アジェン》〟という弦楽器もある。これもたいへん珍しく、ツィター属の箏の形の楽器を弓で弾く七弦の擦《さっ》弦《げん》楽器である。弾くほうがかなり高くなっていて、レンギョウの細い枝に松ヤニを塗った棒を前後に動かして演奏する。

高麗時代（十〜十六世紀）に中国から伝わり、一九六〇年代には八弦で弓を使う民俗音楽用のものができた。

どれも、胡座《あぐら》をかいて膝の上にのせる演奏スタイルである。しかしコンサートでは、日本の箏のような立奏台も用いていた。

「胡」の字がつくものは、胡椒《こしょう》、胡桃《くるみ》、胡麻、胡瓜《きゅうり》のように「胡の国」すなわち西域の産物である。だから「胡座」も漢民族の習慣ではなく、ズボンをはいて馬に乗る騎馬民族のすわり方だ。漢民族の「呉服」（呉は国名。和服の別名にもなっている）では胡座はかけない。

王朝でいえば元や清などの満州族の民族衣装がチャイナ服である。襟が立っているのも馬上で風を防ぐため、脇のスリットは脚線美をチラリと見せて男性を悩殺するのが目的ではない。韓国の民族衣装はチマチョゴリ。同じく裾が広がっているので問題ない。

（註1）　パンソリという宗教的な民俗芸能がある。

（註2）　三韓楽…「新羅楽」「高句麗楽」ともうひとつは「百済楽《くだらがく》」。これの代表的な弦楽器は「箜篌《くご》（竪《たて》箜篌《くご》）」とよぶ竪形のハープである（37頁参照）。

韓国の音楽

話がそれた。

冒頭の伝説は事実ではないが、そう思われるほど、日本の箏にもっとも似ているのが伽耶琴

アリラン変奏（日韓伝統音楽の調べ）

であることをあらためて知った。

合同演奏会で、韓国の国楽のオーケストラと、日本からの箏、三味線、尺八、琵琶のグループが最後に共演したのは《アリラン変奏曲》である。

《アリラン》は韓国を代表する民謡で、三拍子である。これも騎馬民族の特徴であり、日本の伝統音楽には存在しない。

日本の雅楽、能楽、邦楽などはすべて一ト、二ト、三ト……というように、オモテ拍とウラ拍のある偶数拍子である。これは農耕民族であることが大きな要因と考えられている。右、左と両足で大地をふみしめるリズム感覚だ。

だから、奇数拍子というのは日本人の苦手とするところである。現代邦楽が登場した当初、年配の演奏家はどうしても三拍子がとれず、「一、二、三」の次に「ン」と休みが入ってしまったそうだ。これじゃ四拍子である。血が受けつけないのだろうか。

バレーボールなどのスポーツの応援で、

「ニッポン　チャチャチャ」
♩♩♪♪♩
というのは「ドンドン　カカカ」という祭囃子からきている。いっぽう、韓国は「大韓民国」を
「テーハミング」
♩♩♩
というが、これが三拍子のリズムなのに気がついた。

沖縄民謡の早拍子は、「タッカ　タッカ」という付点音符のようにはずんだリズムである。これを「海洋民族のビート感」とよぶ研究者もいる。舟の底板一枚の下は海、その波のゆらぎを常に足の下に感じてきた民族なのである。

このように、民族、風土、生活習慣から芸能音楽の特徴も形成されていくのである。

金沢市で私の個人社中主催で、釜山で知り合った国楽演奏グループのオゥルリムを招いて「日韓伝統音楽の調べ」というイベントを開催した。両国の楽器体験もふくめ、合同演奏で洋楽の作曲家に委嘱したアリラン変奏を共演した(137頁写真)。

交流会では、手作りの漬物が大人気で、韓国にもおなじような食べ物があると言われて大いに盛り上がった。キンパという太巻もとてもおいしかった。

2、中国の箏、琴類

古箏

日本の箏の母国である中国では、現在二十一弦の〝古箏《グーチェン》〟、七弦琴である〝古琴《クーチン》〟がさかんにおこなわれている。

これまでに二度、日中文化交流協会主催、中国音楽家協会招請で「日本音楽家訪中団」の一員として北京、新疆《しんきょう》ウイグル、上海（二〇一四年）、北京、西安（二〇一七年）を訪問した。二回とも東京藝術大学教授はじめ四人のグループで邦楽人は私一人であったが、民族音楽も勉強していたので、意義深い訪中となった。

北京では、私は中国でトップレベルの音楽大学、北京中央音楽学院の、古箏の教授である李萌先生のレッスン場を訪問した。

そこでまず拝見したのは、十三歳の女の子が古箏の速い曲をみごとなテクニックで弾いてい

中国・古箏の新案楽器

る映像だった。ところがよく聴いてみると、日本の作曲家による日本の二十弦箏の曲である。

「?」

といぶかしむ私に、李先生は、

「すごい技術でしょう?でもこの子でさえ、中央音楽院付属中学校には入学できなかったのよ。それくらい、レベルが高いのです」

中国では、伝統楽器の古典といっても数も少なく、せいぜい一〇〇年をさかのぼるくらいの歴史しかない。日本など比べものにならない数千年の歴史をもつ中国でなぜ? とふしぎに思われるかもしれない。

中国の政治的歴史は、漢民族と蒙古民族とが交代で政権を奪いあってきた。そして、民族が異なると、前政権の文化を徹底的に否定してきた。だから、日本と根本的にちがって、古いものを尊重することをしない。文化大革命など、歴史が証明している。

なので、楽器もほとんどがスチール弦に改作され、古い曲も伝承されてきていないのだ。

さらに李先生は、古箏の中央にも角を付け、右半分と左半分に2セットの箏柱をたてて、右側は五音音階、左側は七音音階に調律し、さらにそれを二面合体させて、四つの部分を二人の演奏者が立って演奏するという新案楽器も作っておられた。

まるでガンダムだ。

この楽器用の新曲を作曲してCDもリリースされている。

古箏のレッスン（西安音楽学院）

「うーん」

と目がテンになってうなるしかない私が、

「とてもすばらしいけれど、中国に来たのですから、中国の伝統音楽を聴きたいんですが」

とリクエストすると、李先生いわく、

「古いものにとどまっていてはいけません。前進と改革あるのみ！ 新しい音楽をどんどん生み出していくのが、私たちの使命なのです」

国民性のちがいである。

ご本人も四十代までは伝統音楽をやっておられたそうだ。

一人っ子政策が長く、スポーツであれ芸術であれ、親はひとりの子に徹底的に英才教育をする。なので幼い時期からかなり高いレベルに達し、既存の曲はあっという間にマスターしてしまう。常に新曲を与えないと若者の意欲を満足させることができないという理由もあると話された。

過去に北京で演奏された日本の箏曲も聴かれたことがあるという。

「日本の箏はおおらかな深い音色と音楽だと感じました」

金属弦ではなく、一音の余韻を尊重する特長を感じていただいていることに少し安堵した。たくさんのCDとDVDをおみやげにいただいて、レッスン場を失礼した。

夕食の場で、訪問団の先生方と報告し合い、ディスカッションがはずんだ。「現代のなかの伝統」が一行の一貫した旅のテーマとなった。

古琴

第1章で述べたように、古代に日本に伝来した七弦琴は、貴族層にはたいへん好まれて演奏されていた。しかし、箏に比べてやはり地味で音量も小さい。しだいにおこなわれなくなり、中世にはほとんど消えてしまった。

でも本家の中国では、現在人口も多く盛んに演奏されている。

一音の余韻をじっくりと聴かせるような深い音楽が多い。しかし、有名な戦争である赤壁の戦いをテーマにした映画「レッド・クリフ」に琴の競演のシーンが出てくるのだが、ここではかなり激しくかき鳴らして盛り上がっていた。


私も習って挑戦したことがある（27頁写真）。

儒教の性格が強く反映された精神性の高い楽器であるため、日本でも中国でも文人の教養となっていた。それだけあって楽譜もたいへんにむずかしい。漢字のような記号が縦にひとつずつ書かれているのだが、その一文字がふつうの漢字四つくらいを合わせた複雑なもので、それだけで右手の弾き方、左手の勘所《かんどころ》などすべてをあらわしているそうだ。

どちらの手にも爪などはつけないので、金属弦を三味線のように擦るのに指が痛くなってしまった。

中国でプロの演奏を拝聴したが、その余韻の変化がすばらしく、音量も響くような工夫がされていた。速いフレーズもあるのだが、悠遠で深い音がいかにも歴史を感じさせるひとときであった。

3、中央アジアの音楽交流

シルクロードの音楽

東京―北京が飛行機で二時間。北京からウルムチ（新疆《しんきょう》ウイグル自治区の首府、シルクロード要衝のオアシス都市）まで四時間。

前記の日本音楽家中国訪問団で出発前に、それぞれの専門関係で、どこか訪れたい場所があれば検討するという連絡がきた。私は、中央アジア独特の民族楽器の製作工房を見学したいと申し入れたところ、

「調査したけれど、いちばん近い工房まで一〇〇〇キロ離れているので、時間的に無理です」

との回答がきた。

中国大陸の広さを実感である。

ウルムチの新疆芸術学院では、専門に分かれての分科交流であった。

古箏の若い女性教授、胡晶晶先生は、三階の教室まで私の腕を抱いて引きずるように連れていってくれた。

「ウルムチは『地球のへそ』と呼ばれているくらい、どこからも遠いユーラシア大陸のドまんなかなので、海外の音楽家が来てくれることが滅多にないんです」

と大歓迎である。

夏休みにもかかわらず、教師たちや学生、子どもたちもあつまっていて、ひとりずつ演奏を披露してくれた。

私は正倉院の楽器の図録などを見せ、日本の楽器について、シルクロードから伝来したというお話しをした。

2項で述べたように、古い物の残っていない国なので、正倉院の宝物が、

「なぜこんなに古い時代のものが、これほど美しいままで残っているの！」

と写真をとりまいて食いつくように見ていた。

日本の箏についていろいろ質問され、楽器を持参しない訪問であることがほんとうに残念だった。箏爪だけを見せると、子どもたちは奪いあって自分の指にはめて古箏で音を出していた。

古箏の爪はうすいベッ甲製で、演奏のたびに、包帯をとめるときに使うような粘着テープで

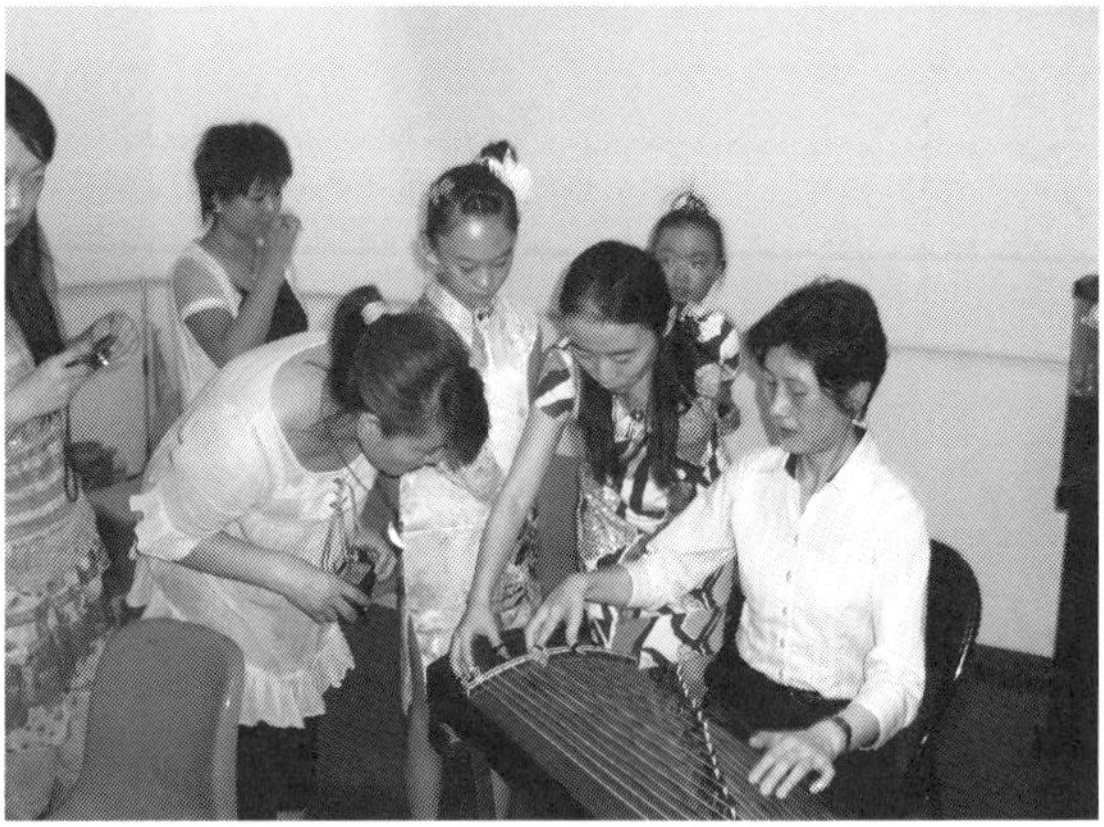
交流の様子（右・筆者）（新疆芸術学院）

指に巻きつけるのだ。左手にも複数つける人もあり、決まっていない。これも多民族国家で、広大な中国らしい。

奏法を確認すると、共通したものもあるが、スチール弦を両手でかき鳴らすので、速さと軽快さを感じる。楽譜はドレミを数字であらわしたものがあるが、上達すると五線譜を使うという。

あまりに興味をもって質問されるので、許可をもらって、古箏の柱を八個はずして十三弦にして、平調子をとって《六段の調》や現代曲の独奏曲を演奏した。

糸幅もちがうので弾きにくかったが、なんとなく音楽の雰囲気は感じてもらえたようだ。

プロの実演団体である新疆芸術学院の練習室では、民族楽器の楽団による伝統古典音楽「十二ムカム」（すべて上演すると三週間かかるという）（註3）や民謡の演奏を拝聴した。

中央アジアの民族楽器はとても特徴があり、とくに棹が細くて長いリュート属の弦楽器がおもしろい。

ウイグル族は「歌とおどりの民族」とよばれる。

カザフ族のパオやブドウ棚の下での晩さんには必ず民族楽器が持ち込まれ、ドタール、タンブール、ドンブラなどが目の前で生きた音楽を奏でる。民謡に合わせてだれもが踊りだし、我々もいっしょに加わって楽しんだ。

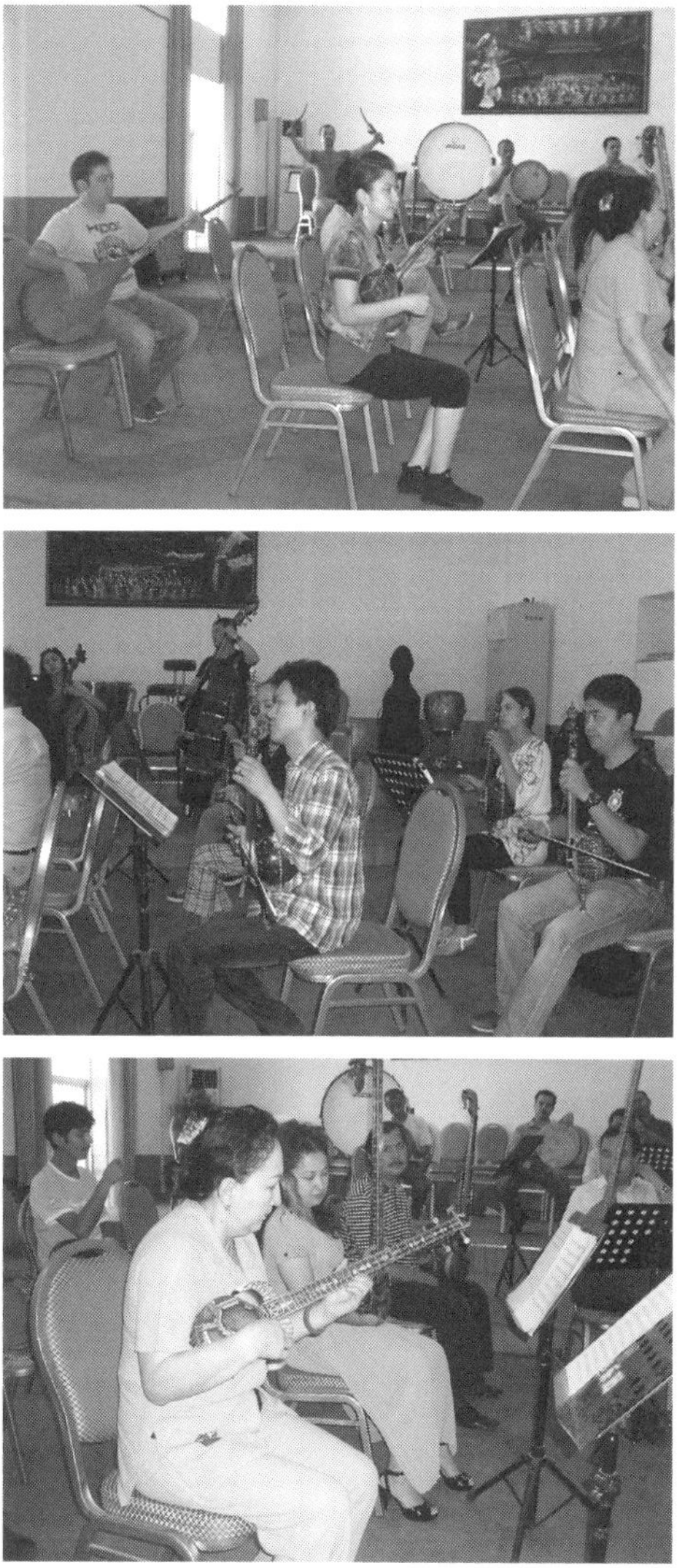

中央アジアの民族楽器
（上・ドンブラ（左）、中・ギジャック、下・レワプ）

カシュガルの民族楽器店

日本の歌を披露すると、数小節聴いただけでそのキーに合わせて伴奏してくれる。日本で失われつつある民族音楽本来の姿を見る思いであった。

今回は、バザールでギジャックを買った。楽器専門店に行ってもたくさんの楽器がブラ下がっていて、どれがよいかわからない。そこで、同行して下さっていた中国音楽家協会副主席、新疆音楽家協会主席のヌスラデ・ワジディン先生に目利きをしていただこうと思って呼んだら、先生が登場したとたんに値段が半額になった。

日本文化の源流である各地で心のこもったもてなしを受け、音楽はことばがなくても民族をむすぶかけ橋となることを再認識した。

ワジディン先生は、

「二十一世紀の今日、各民族、地域の文化がもつ特長を守ってこそ、社会の調和と世界の平和を維持することができる」と述べられた。政治が混迷しているときこそ、民間の文化交流が重要な役割をもってくると思う。

目と耳のみならず、白酒《バイジュウ》と羊肉、果物の想像以上のおいしさに舌も、「好吃《ハオ》！」

（註3）十二ムカム……二〇〇五年ユネスコ「人類の口承および無形遺産の傑作」に選定

ミュージック・チャイナ

ミュージック・チャイナ「中国（上海）国際楽器展覧会」（於：上海新国際展覧中心）に何度か訪れたことがある。

この展覧会は、ひとつが幕張メッセくらいの大きな展示館十七棟のうち、九棟を使って毎年開催されており、会場内をバスや電気自動車がシャトル運行していた。各棟は洋楽のピアノ、弦楽器、電子楽器や音楽教育などに分かれていて、最後の棟がすべて民族楽器関連であった。

ブースの様子（下は巨大な蛇皮）

　中国の民族楽器を中心に、約二〇〇のブースが出店しており、楽器、付属品などを即売する。それぞれのブースでは、自店の楽器の音をＰＲするために演奏していたり買い手が音を試したりしていて、巨大な展示館のなかはすさまじい音であふれていた。

　あまりの大音響に、自分の弾いている楽器の音が聞こえないのか、古琴に聴診器をあてて弾いている人もいた。買う予定なのだろう、じっくり音色を吟味していた。

　最初に訪れたとき、アジア民族楽器を蒐集している私は、大興奮でいろいろ見てまわった。古代の箏や複製の箜篌《くご》、大、中、小の三弦、また幅が六〇センチほどもあろうかというビルマニシキヘビの皮などめったに見られない物が陳列されていて、たいへんおもしろかった。

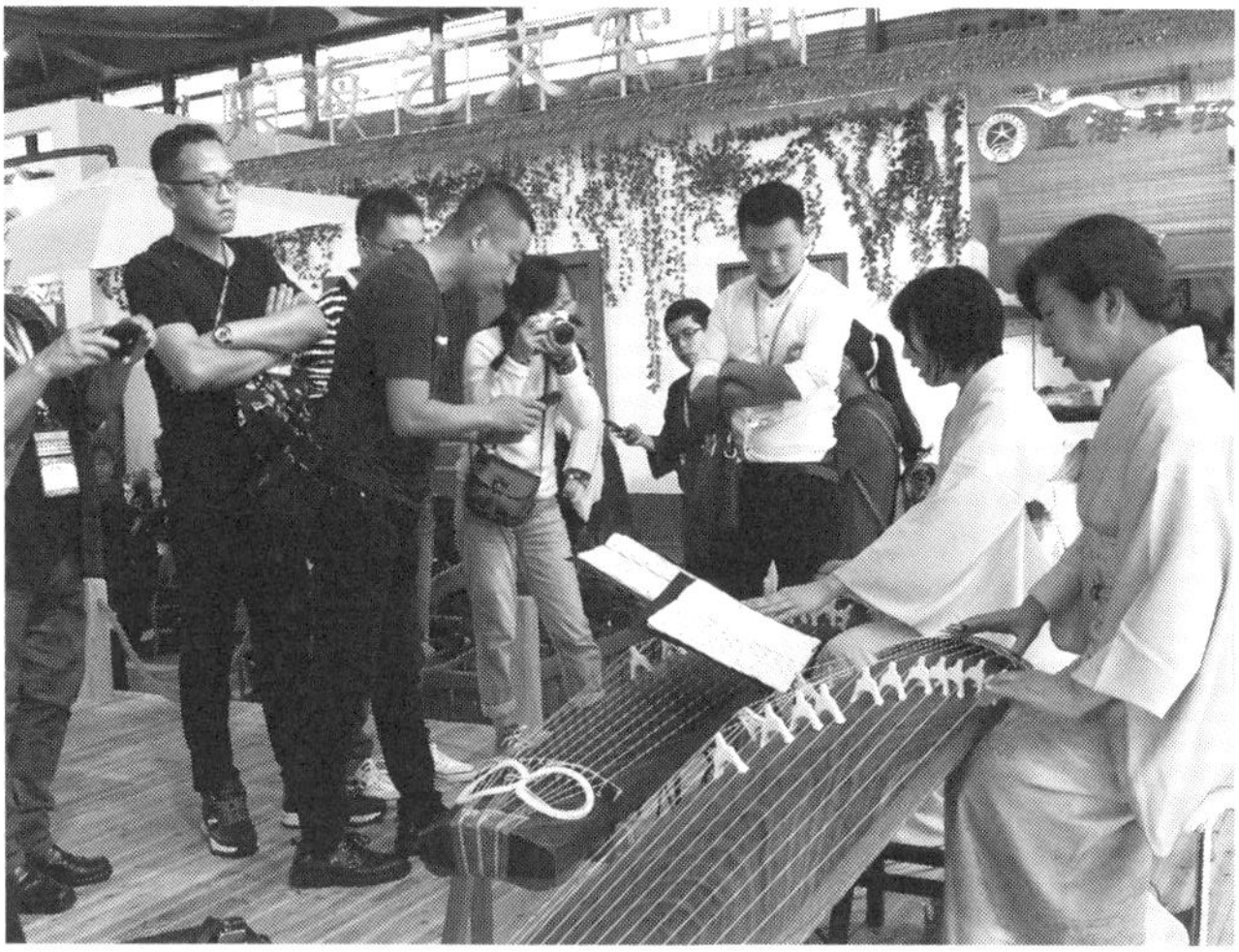

箏の演奏

邦楽関係では、三味線糸のメーカーである丸三ハシモト株式会社と三島屋楽器店が合同で出店していた。中国ではほとんど使われなくなっている絹糸を紹介、展示していた繭を珍しそうに眺める人が多かった。

箏、尺八、鼓の邦楽器の演奏のデモンストレーションでは、多くの人があつまって楽器に注目していた。大人気だったため時間を延長することになり、私にも急きょ何か演奏してほしいといわれ、飛び入りで独奏曲を一曲弾いた。

中国の人は演奏中に箏の裏までのぞきこんで観察、さすが研究熱心な国である。

「絲《し》綢《ちゅう》之《の》路《みち》」「シルクロード」「絹の道」と名がつくほど、絹の交易で発展しむずびついた西洋と

ベトナムのダン・ティエンとダン・バゥ（一弦琴）

東洋である。

楽器の弦といい、着物といい、絹の文化が現代の生活に根づいて残っているのは日本だけではないかと思った。

アジアには他にも、モンゴルの箏（ヤトガ）、ベトナムの箏（ダン・ティエン）や一弦琴（ダン・バゥ）、タイの鰐琴（チャケー）などのユニークな箏琴類がいろいろある。

第5章

三味線

「風がふけば桶《おけ》屋がもうかる」

ということわざがあるが、意外と意味をご存知ない方がふえているようだ。いや、いまの若い人は桶も見たことがないかもしれない。


風がふくと、舗装道路がなかった昔は土ぼこりが舞う。

舞った土ぼこりが目に入ると、医学の進歩していなかった時代なので失明してしまい、盲人がふえる。

盲人がふえると三味線弾きがふえる。

三味線弾きがふえると三味線がたくさん必要になり、猫が減る。

北斎漫画

猫がいなくなるとネズミがふえる。
ネズミがふえると桶がたくさんかじられる。
桶がかじられると桶屋がもうかる。

ということから、物事がまわりまわって、一直線にいかないことを意味する。

この話のなかには、音楽史の要素がふくまれている。まず、盲人が職業として三味線を弾いたこと。それから三味線に猫皮が使われていることである。

三味線には猫皮と犬皮を使用している。

最近は猫カフェなんかもあって、猫の人気が高くなっている。東京の両国にある回向院《えこういん》というお寺の境内には慰霊の「猫塚」があり、三味線になったネコちゃんたちを供養している。別に日本人が動物愛護にうといわけではない。世界の民族楽器では、弦楽器や太鼓に動物の皮を張ったり、骨や角で管楽器を作ったりすることは珍しくない。人間の狩猟生活とともに発達したのだろう。羊の胃袋のバグパイプやアルマジロの甲らのギターがあり、馬の尾、羊の腸などが楽器の材料となっている。なかには人間の頭骸骨や大たい骨で作った楽器もある（註1）。

三味線の皮張り

学校公演でおとずれた小学校から、後日生徒の書いた感想文が届けられることがある。そのなかで、三味線の音色について

「ネコと力をあわせて音を出しているような気がしておもしろかった」

というのがあった。子どもにしか感じられない感性とユニークさに脱帽である。ところが最近になって、日本では猫皮が手に入りにくくなり、新しい代替素材の皮が模索されている。このテーマが社会的問題となっている証拠に、朝日新聞の論壇である「天声人語」にも書かれていた（二〇一八年十月二七日付）。人工皮革のほか、カンガルーの皮も試用されている。現代の邦楽界の問題点、解決しなければならない大きな課題のひとつである（第7章参照）。

（註1）チベットのダマルは人間の頭骨で作った体鳴楽器（振り鼓）、カン・リンやカン・ドウンは脛骨《けいこつ》や大腿骨を使った気鳴楽器（トランペット）。

1、三味線の誕生

楽器のなかでも、棹のあるリュート属の弦楽器の発祥は古代エジプトともペルシアともいわれており、シルクロード、中国、朝鮮半島経由で渡来したものが多い。そのなかで、三味線は純粋に日本生まれである。

しかし、その祖先はやはり沖縄、中国にさかのぼるのである。

箏と三線のコラボ

Q&A 三味線のルーツは？

永禄××年　大坂、堺の港。

そのころ堺は、まだ会《え》合衆《ごうしゅう》とよぶ富豪商人たちが自治的な運営をしている自由都市であった。町の周囲には堀をかまえ、琉球、南蛮貿易によって栄えるたいへんに活気ある豊かな町だ。

イエズス会の宣教師、ガスパル・ヴィレラやルイス・フロイスがその著書のなかで、堺のことを「東洋のヴェニス」と表現している（註2）。

琉球からの商船が港に入ると、町は急に騒々しくなる。男衆ばかりでなく、夜の花街を支える女たちもおなじだ。倭人、琉球人を問わず、船が着き商売が成立して景気が

大三弦と三線（右）

よければみんなが潤う。

琉球船にむかって、たくさんの艀《はしけ》が群がるようにこぎ寄せていく。

それらが、喫水線も船べり近く、珍しい品々を山のように積んでもどってくると、桟橋《さんばし》に待機していた人足たちが次々と荷俵を肩にかついで蔵に運びこむ。

ある商人の蔵では、番頭や奉公人たちが総出で帳面に筆で何やら書きつけながら、品物の中身を確かめている。

「琉球の織物に硫黄《いおう》だけやない。今回は明国の陶磁器やら南国の香辛料に唐木……ええ品ぎょうさん積んできたで。おや、何かいな、この包みは」

ひとりの男が、積み荷のすき間に無造作に置かれていた物に目をとめた。幾重《いくえ》にも布で包まれた細長い包みである。

開けてみると、見たことのないものである。

「うわ、これはヘビの皮やないか。気色悪いなぁ。ウロコもついたままや」

「糸が張ってあるわ。これ、楽器とちゃうか？　だれかが船旅のなぐさめに弾いとったんやな」
「かたちは全然ちゃうけど、琵琶に似とるやないか。そや、琵琶法師の中小路はんに渡したらええわ」

ということで、その楽器〝三線《さんしん》〟は堺に住んでいた中小路という琵琶法師に「とらせたりける（渡した）」。その後、「琵琶をやつしたる（改造した）」三味線が誕生した（『色道大鏡』より）。

諸説あるが、中国（元の時代）の三弦《サンシエン》という楽器が琉球に伝わって三線となった。それが永禄年間（一五五八～七〇）に堺にもたらされて改作され、三味線が生まれたというのが定説となっている。これが、近世邦楽史上、大事件となる。本土ではニシキヘビの皮は手に入らない（沖縄でも輸入しているのだが）ので、いろいろ試した結果、猫皮を張り、琵琶をまねて大きな撥を用いるようになった。

三線は私も習ったことがある。三線の先生は、三線をまねして作った三味線のことを「ヤマトの三線」といっていた。なるほどこれは正しい。ちなみに「蛇皮線《じゃびせん》」というのはまちがいである。本土の人が、三線を知るようになって一方的に言っている語で、沖縄では通じない。

サワリの構造

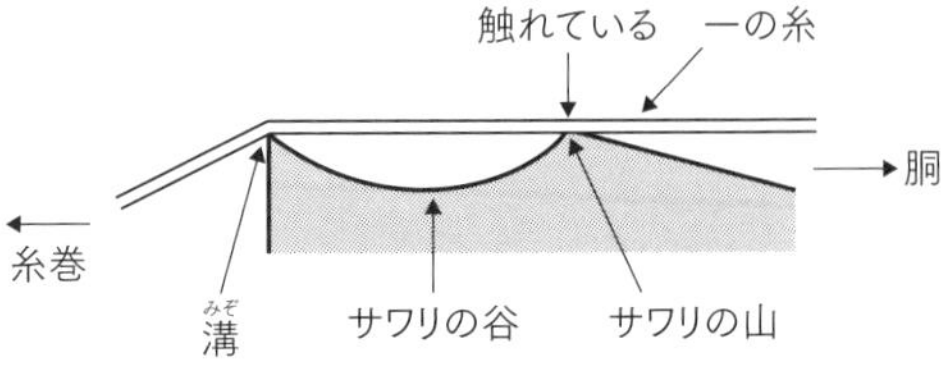

三味線より少し小型でインドニシキヘビの皮を張り、水牛の角で作った、先が細い筒型のバチを右手人さし指にはめて弾く（奄美地方では細い竹ベラを使う）。

調弦は本調子《ほんちょうし》、二揚《あ》ゲ、三下ゲといって三味線とおなじだが、一と三の糸巻が逆なので、なれないとついまちがってしまう。

「サワリ」の構造（註3）は三味線にしかないので、パカーンとした開放的な音である。

三線の演奏会に出演のため、初めて宮古島に降り立ったとき、「あぁ、この気候だからあの三線の音なんだ」とズドンと体で納得した。

やはり民族音楽、楽器は現地に行って聴くのがよい。

琉球王国では三線奉行なる役職があって、政治上重要な役割を担っていた。くわしく語ると日本音楽史としてもたいへん興味深いのだが、残念ながらここで述べる余裕はない。

（註2）「堺の町は甚だ広大にして大なる商人多数あり。この町はヴェニスの如く執政官により治められる」『耶蘇会士日本通信』（ガスパル・ヴィレラ）。「日本の最も富める湊にして国内の金銀の大部分が集まるところなり」（ルイス・フロイス書簡）。「東洋のヴェニス」（同『日本史』）。

（註3）サワリ……三味線の一の弦だけ上駒《かみごま》に乗せず、棹の上部の「サワリの山」に微妙に触れさせることによって、余韻をひびかせる構造。スッキリした単純できれいな音をきらう日本人の好みで、微妙なゆらぎを求めたのであろう。

2、三味線音楽の発展

こうして生まれた三味線（これも当初はさまざまな呼びかた、当て字があった）（註4）は、江戸時代に大発展し、近世日本音楽の主役となる。

厳格な規則がある雅楽から独立した箏曲とちがい、新しい楽器と音楽であった三味線音楽は、おもに庶民の間で自由に弾かれ、アッという間に全国に伝わった。

宿場の飯盛り女が歌った三味線伴奏の民謡が、馬子《まご》たちによって街道を運ばれ、また北前船の船乗りたちが寄った港に、遠い地方の唄が伝わった。

決まった型というものがなく、楽器もジャンルも新しいものが次々とあらわれ、細かく枝分かれしていった。

なので、ひとことで三味線音楽といっても、あまりに複雑で多岐に分かれていて、どこがちがうのか、よくわからない分野もある。

三味線を用いた最古の芸術的歌曲は**「三味線組歌」**であり、はやり唄のようなものであった。歌詞もくだけた内容で、人間の本能をのびのびと表現したものだ。

先の場面に登場した、中小路という琵琶法師の弟子、石村検校が慶長年間（一五九六―一六一五）に創作したという。

阿国屏風（京都国立博物館蔵）

Q&A 浄瑠璃とは？

その後、歌曲の伴奏として徐々に発達した三味線音楽であるが、大きな転機となったのが、**〝浄瑠璃〟**との合体、つまり「劇場音楽」となったことである。

「ジョールリ」って、よく聞くことばではあるが、その意味についてはあまり理解されていない。

現在〝浄瑠璃〟といえば、三味線を伴奏とする**〝語りもの〟**をさす。（〝語りもの〟とは日本の声楽曲の分類で、**〝歌いもの〟**に対することば。歌の要素より、語って聞かせるという、ストーリー性とことばの抑揚を重要視する）

扇拍子《おうぎびょうし》と琵琶を伴奏として「浄瑠璃姫物語」という牛若丸（源義経）と浄瑠璃姫

表1　浄瑠璃の略系統

- 河東《かとう》節（江戸）
- 義太夫節（大坂）
- 一中《いっちゅう》節（京）
  - 豊後《ぶんご》節（京→江戸）
    - 常磐津《ときわづ》節（江戸）
    - 富本《とみもと》節（江戸）
      - 清元《きよもと》節（江戸）
    - 富士松《ふじまつ》節（江戸）
      - 鶴賀《つるが》節（江戸）
        - 新内《しんない》節（江戸）
    - 薗八《そのはち》節（京）
      - 宮薗節（江戸）

のラブストーリーを語っていたものが、そのうちにほかの題材の物語にも用いられるようになり、「浄瑠璃」とよばれるようになった。

十六世紀後半に三味線が誕生してから、この新しい楽器をいち早くとり入れ、さらに人形劇とむすびついたのが、いまの**〝文楽〟（人形浄瑠璃）**の元である。

初めは、芸人が少人数で門付《かど》け（家々をまわって芸を見せること）して歩いた放浪芸だった。それがしだいに観客をよび集めるスタイルに変わり、舞台芸術に発展する。

いっぽう、一六〇三年、出雲《いずも》の阿国《おくに》が京の四条河原で始めた「かぶき踊り」が庶民にうけて大流行した。最初は能楽の囃子《はやし》（小鼓・大鼓《おおかわ》・太鼓・笛）に鉦《かね》を加えたくらいの伴奏であったことが、屏風絵などから知られる。

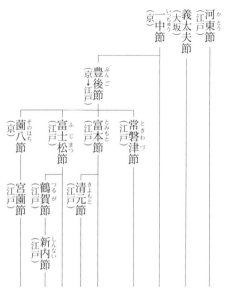

その後、遊女が踊った〝遊女歌舞伎〟の段階で、歌舞伎にも三味線が用いられるようになった。人形浄瑠璃の演目が多く移され、兄弟のような芸能となった歌舞伎は、現在の基礎がほとんど作られた元禄時代に、その音楽もかたちが整う。

近世には、当初弾き語りだった浄瑠璃は、三味線の演奏者と語り手が分業となり、さらに高度で複雑な表現ができるようになっていった。

表1のような浄瑠璃系の語りもの音楽とともに、江戸で生まれた〝長唄《ながうた》〟（〝長歌〟は別のジャンルの音楽）が、三味線を主奏楽器として劇場音楽の中心となる。

浄瑠璃と長唄はおたがいに音楽的に影響しあい、性格も変化させながら、独特の表現性をもつ芸術に高めていった。

現在も長唄に囃子がはいる舞台が多くあるが、初期のころのなごりであろう。

（註4）　古書には三美線、三尾線、沙弥仙などの字が見られ、発音も「サミセン」「サムセン」などがあった。いつから「しゃみせん」とよぶようになったのかははっきりとはわかっていない。

3、三味線とその音楽の種類

音楽のジャンルとともに、楽器自体も多様に変化していった。表のように、大きく分けて、その棹の太さによって三種類に分類され、分野によって使用するものが決まっている。おなじ楽器かと思うくらいに、音色がまったく異なる。

Q&A 三味線音楽にはどんな種類がある？

三味線の種類

太棹	義太夫節　津軽三味線
中棹	常磐津節　清元節　新内節　宮薗節　一中節　地歌
細棹	長唄　端唄　小唄　河東節　荻江節（山田流箏曲）

（ただし中、細棹は種目や演奏者によって細かな差異がある）

「太棹《ふとざお》」といえばイコール義太夫《ぎだゆう》三味線をさすこともあるくらいで、ベンベンと低いおなかにひびく音がする。撥も先の厚さが五ミリくらいはあろうかという重いものを使う。

話の筋を語る〝大夫《たゆう》〟とふたりでペアになっておなじ裃《かみしも》を着け、舞台上手の小さな〝床〟で、ストーリーと音楽を担当する。この床は回転式になっていて、壁からクルンと回っていつの間にかふたりが登場している。大夫は時には切なく女の気持ちを、時には顔を紅潮させ体をゆすり武将の声をふりしぼる。その豊かな感情に観客も酔い、涙をさそう。

太棹三味線は、撥は異なるが民謡でも使用される。

江戸でおこった長唄ではもっとも細い棹の楽器を使用、撥も小型でうすく、駒も華奢なので、

新内流し
（左：岡本紋弥、右：杉浦聡）

超絶技巧の細かな奏法が発達した。中学校の音楽教科書にも《越後獅子》が載っており、一般に三味線というと長唄を思いうかべることが多いと思う。撥を強く当て、歯切れのよいところは、いかにも江戸好みである。

常磐津《ときわづ》はしっとり豊かな雰囲気で、旋律は重厚な感じがするし、清元《きよもと》は高く華やかで軽妙さ、粋な感じをあらわす。

新内節は、着流しの粋《いき》なお兄さんが、三味線を弾

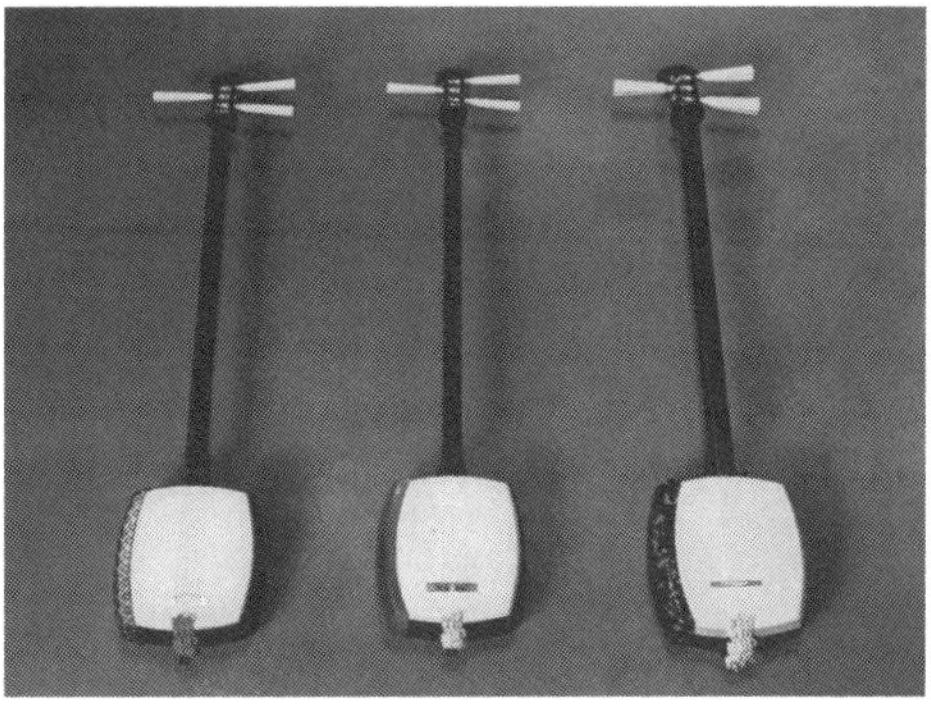
左から細棹・中棹・太棹

３種類の三味線とバチ

きながら遊里を流して歩いた。声がかかると座敷にあがり歌った。上調《うわぢょう》子《し》というパートは、五センチほどの小さな撥を使い、とても繊細な音である。女心を情感こめて高音で聴かせるのどが、聴く者の魂をとらえる。

ひとめでわかるジャンルは小唄《こうた》である。これは元来撥を使わず〝爪弾き〟なので、お座敷音楽そのもののかぼそい音色である。なので小唄の会によばれて箏の手付けをして加わったときは、音量のバランスに気を使った。もっとも現在ではほとんどが楽器と声にマイクを使うので、またその調整がむずかしい。

私たちも、箏曲と合奏する地歌《じうた》という種類の三味線は必修となっている。箏の演奏家なのに三味線も弾くということによくおどろかれる。古典には、箏パートと〝三弦〟（地歌での呼びかた）

パートがある。中棹《ちゅうざお》で独特の余韻とひびきがあり、もっとも大きな撥（津山撥）を用いる。

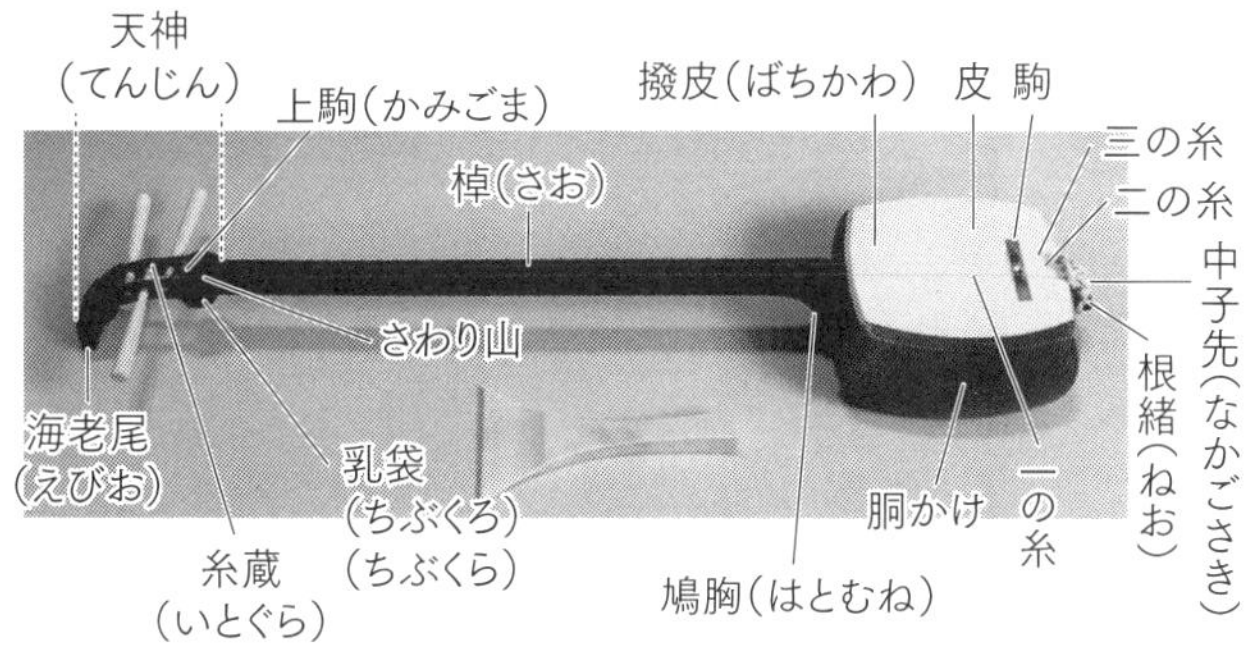

三味線の部分名称

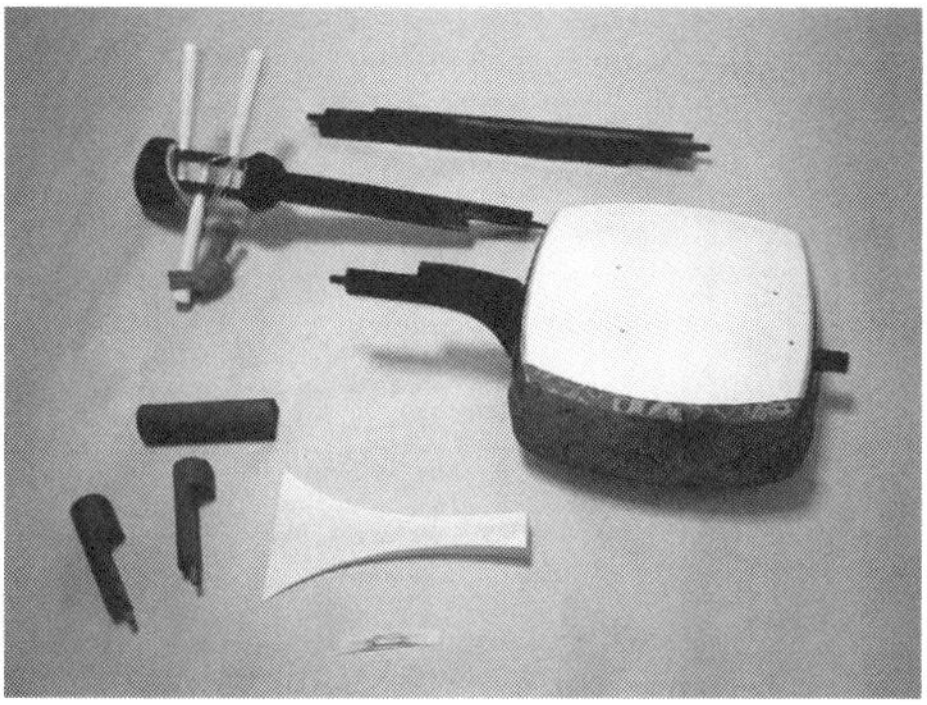
三味線　三つ折

ひとつの楽器で、これだけ形状、音楽のジャンルが多種多様化して、それぞれに発展し継承されている民族楽器は世界で他に例をみない。

素材が、紅木《こうき》、紫檀《したん》、花梨《かりん》といった唐木で、日本で調達できないのも、価格面からいっても皮と同様に大きな問題である。

もっとも良いのは紅木であるが、名前のとおり赤い色をしており、職人さんは

人形浄瑠璃：傾城阿波鳴門（徳島県立阿波十郎兵衛屋敷）

一日中仕事をしていると鼻の中まで木の粉で真っ赤になるそうだ。

「三つ折《おれ》」といって、棹が三つに分解できるのだが、その継ぎ目は紙一枚さえ入らないほど精密な手作業で作られる。

日本伝統芸能は、ほとんどの分野が歌、語りをともなう声楽である。純粋な器楽というのは雅楽の管弦（絃）、箏曲の段物、尺八音楽などごく一部にすぎない。

話の筋は百も承知している。しかも表情の変わらない人形だというのに、人形浄瑠璃《傾城阿波鳴門《けいせいあわのなると》》「順礼歌の段」では、いたいけなお鶴がかわいそうでだれもが目の奥が熱くなる。何度おなじ話を聞いても、古典落語では笑いをとる。

それは、名人が長年修業をつんでの芸の力によるものではないだろうか。

4、三味線音楽の現在

明治期には一時低迷した三味線音楽も、箏曲とおなじくさまざまな改革がなされ、いまでは現代邦楽のジャンルでも活躍している。

大型の三味線（杵屋佐吉）や吾妻《あづま》ザワリ（註5）などくふうを凝らした新案楽器が登場する。

そして、吉田兄弟、上妻宏光さんなどのスターが出て一躍世の中に知られるようになった津軽三味線では、ギターを参考にしてアンプを用いた電子楽器も使われている。

津軽三味線では、コンクールなどがさかんにおこなわれ、年少者の参加も多い。

三味線を主奏楽器とした協奏曲や、太棹・中棹・細棹によるアンサンブルなども作曲され、現代邦楽の三味線奏者も活躍している。

しかし、小学校で

「チントンシャン、といったらなんの楽器でしょう？」

と問いかけても、みな首をかしげている。ピアノのように幼児教育から使われているものではないし、その音楽もおとなの世界のものであるから当然といえばそうなのだろう。

金沢の茶屋街周辺では長唄や小唄のお師匠さんが何人もいて、格子戸の町家の奥から音が聞こえてくるし、三味線屋さんもある。でも現代では邦楽の音は町から消えて久しい。

沖縄では、居酒屋さんで三線ライヴをやっている店も多く、なにげなく三線がおいてある店もあった。だれかが手に取ると、みんながそれに合わせて即興でうたい、興がのってくると必ず踊りだす。それが民衆の心にしみこんだほんとうの民族楽器の姿ではないかと思った。


（註5）吾妻ザワリ……明治時代の考案。ジャンルによって、棹に裏からネジをさしこみ、一の糸に触れさせることによって、サワリを調節できるようにしたくふう。常磐津節、清元節など、音高を頻繁に変える分野で普及している。

第6章

尺八

ホウキの横笛
（Vol.19コスモホール邦楽への招待・徳島）

キュウリ、ダイコン、ちくわ、大理石、象牙、石、ホウキの柄、塩ビ管、プラスチック、木、そして竹……、

この材料で作られる共通のものはなあに？

答は「笛」である。なんでもまん中をくりぬいて指孔《ゆびあな》を開ければ笛になってしまう。ちゃんと作れば音程も確かなけっこういい音が出るのである。

素朴な笛であるオカリナや、塤《けん》（註1）には土製、陶製とさまざまな物がある。

箏、三味線となかよく「三曲」という合奏をする尺八は、箏曲とは縁が深い。したがって、箏弾きと尺八吹きのカップルも多い。そんな友人夫妻のお嬢さんが藝大に入ったと聞いて、お箏かと思ったら尺八専攻というのでおどろいたことがある。いまは女性の尺八奏者も増えている。

中国の塤

Q&A なぜ「尺八」というの？

尺八はさまざまな長さのものがある。邦楽の基音であるD（日本十二律名で壱越《いちこつ》・中国十二律名で黄鐘《こうしょう》・長唄音名六本）を筒音《つつね》（すべての穴をふさいだ音）とする標準管の長さが、「一尺八寸」であったため、この名前が生まれたという。これは唐時代の尺度であり、一寸は約三センチ、一尺八寸管は約五四センチとなる。

この長さのものがもっとも一般的で多く用いられており、**「八寸管」**「壱越管」などとよぶ。

一寸短くなるごとに、全体が半音高くなる。《春の海》はEを基音とする音階の音楽なので、一尺六寸管を用いる。

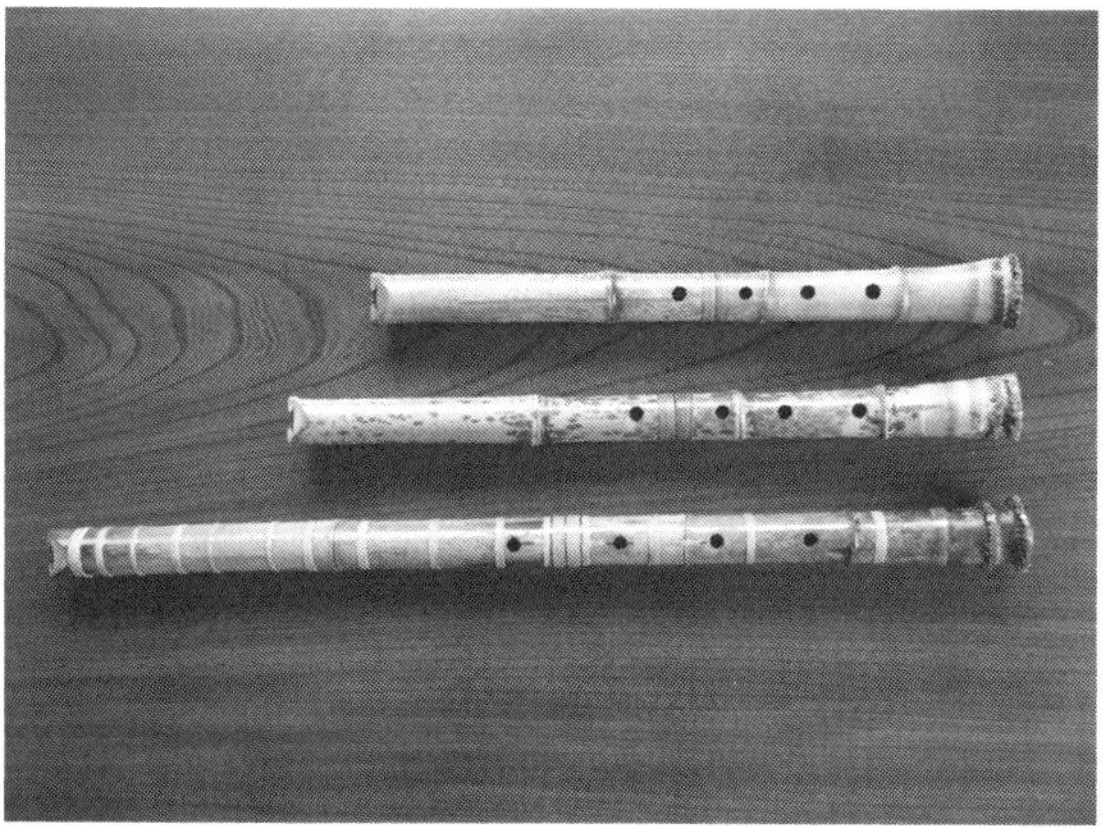

尺八（上から一尺六寸管、一尺八寸管、二尺三寸管）

（註1） 塤……古代中国の土笛。日本でも弥生時代の遺跡から出土している。現在中国ではいろいろな大きさの物がさかんに演奏されている。

1、尺八について（歴史編）

古代尺八

尺八の起源は、最初に唐の呂才《りょさい》という人が作ったと記録にある。ただし、箏も秦の蒙恬《もうてん》（註2）が作ったという記述があるように、人気のある英雄の名前を製作者として借りることがあるので、もちろん真偽はわからない。

この尺八が、箏とおなじように雅楽の楽器として奈良時代に、日本に伝来した。十世紀中ごろまでは雅楽で使用され、「尺八師」というプロの先生もいた。

『源氏物語』「末摘花の巻」に「さくはちの笛」ということばがある。

実物は、第1章で述べたように、正倉院に八管と法隆寺に一管残っており、**「古代尺八」「正倉院尺八」**などとよばれる。正倉院のものは竹製のほか、石、玉、牙製があるが、形は竹をかたどっているので、やはり本来は竹だったのだろう。二〇一五年には正倉院展に「彫石の尺八」が出展されていたが、全体に草花、飛雲、山、鳥、蝶が刻まれて美術品としてもすばらしいものである。

現在の尺八と異なるのは、一孔多い六孔（表に五孔）であることだ。

以前に、テレビの番組収録の際に、この玉製の尺八を実際に有名な演奏家に吹いてもらったときにスタジオで見学したことがある。もちろんひとつずつの音を聞くくらいであったが、なんともいえずまろやかかな、蓮の葉っぱの上をころがる水滴のような音だった。短くて（長さ三六センチ）細身なので、あまり音量は出ない。

平安時代に雅楽が整理統合された時点で、尺八は演奏されなくなっていたのか、なかまに入れてもらえなかった。おそらく、竜笛《りゅうてき》や篳篥《ひちりき》と似ていたために、音量の大きな管楽器のほうが残ったのではないだろうか。

（註2） 蒙恬……秦の時代の将軍。匈奴征伐などに功績をあげ、万里の長城の築造を担当した。

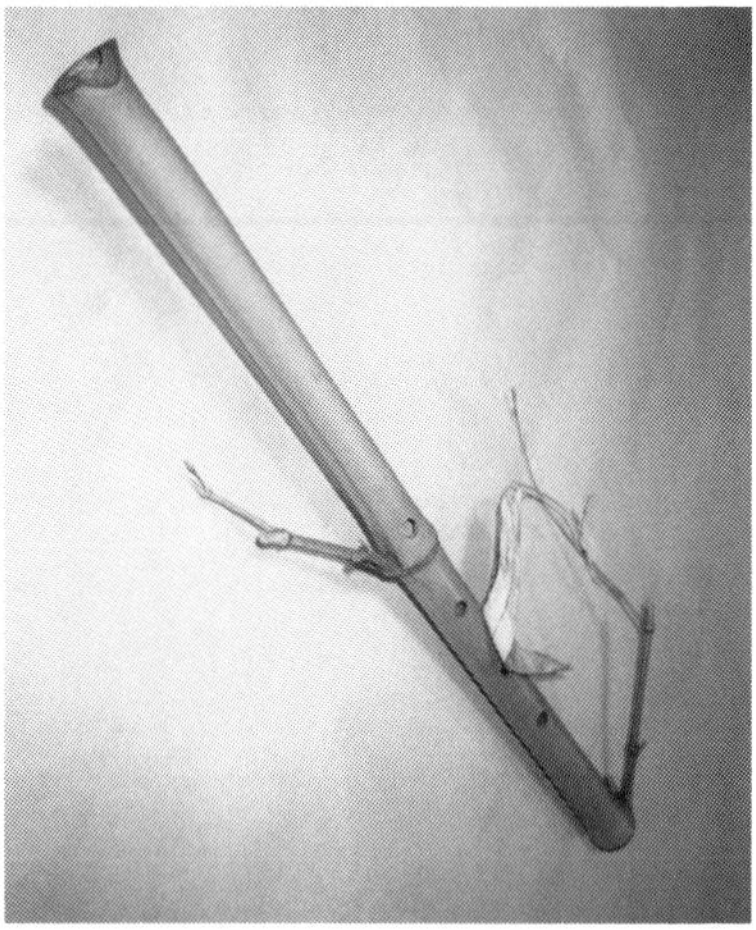

節付きの尺八

一節切《ひとよぎり》

中世末期から近世にかけて登場したのが**「一節切」**という種類の尺八である。

ふつう、尺八は竹の根元から七節で作られるが、これは一節しかないのでこの名がある（現代尺八に対して使われることばである）。全体が一尺一寸一分（約34センチ）と短く、管は細くまっすぐで全体がおなじ太さである。

十七世紀後半には歌の伴奏やほかの楽器との合奏もおこなわれて一時盛んであったが、十八世紀から衰退し、後半にはほとんど滅びてしまった。

その理由として、楽器の性能から、八橋検校以降の俗箏や三味線で全盛となった半音をふくむ都節音階に対応できなかったことが考えられる。周囲とちがう音程しか出ないので、敬遠されてしまったのだろう。

一九七三年に一節切の復元演奏が試みられ、音源が収録されている（当時はＬＰレコード）。尺

八とは奏法がちがうので、音楽学者で尺八の研究が専門であった上参郷祐康《かみさんごうゆうこう》氏が自ら演奏、録音された。しかし、

「楽器の性能が悪いので、調子っぱずれになって困りました」

と、かなりご苦労されたとうかがった。

安洞院の虚無僧行列（撮影・渡部晋也）

普化《ふけ》尺八

二〇一一年三月十一日、東北は地震、津波、原発事故によって未曽有の大きな被害をうけた。

二〇一九年の同日、その福島県の福島市山口の古刹、安洞院（註3）から、二六人の虚無僧《こむそう》行列が天蓋《てんがい》（編笠）をかぶり尺八を吹きながら出てきた。一行は、当院とゆかりのある尺八家、神保政之輔の顕彰碑と、震災慰霊塔に献奏して本堂に集結。再び《手向《たむけ》》（註4）を奏で、「3・11祈りの日」の鎮魂の催しを開催した（註5）。

富山県高岡市の郊外にある国泰寺《こくたいじ》（註6）の開山忌（六月）に参加したことがある。

ここは、大きな石が圧巻の広い日本庭園や三重塔もあり、座禅の修行道場としても知られる。行事の一つでは、天蓋に袈裟《けさ》、偈箱《げばこ》という正装？の虚無僧姿の一団が、尺八を吹きながら練り歩く。

嫋々《じょうじょう》とした一音が大きく重なっていき、読経の大合唱とともに山々にこだまして、ひなびた静かな田園地帯が荘厳な響きに包まれたようであった。

この寺だけに伝えられている曲もあると聞いた。

Q&A 尺八はもとは楽器じゃなかった？ ではなんだったの？

このように、尺八といえば虚無僧が連想される。

現在の尺八は、この**普化《ふけ》尺八**（**虚無僧《こむそう》尺八**）が元とされている。禅宗の一派である普化宗の僧侶が、読経の代わりに尺八を吹いていた。これを「吹禅《すいぜん》」という。だから尺八は最初は楽器ではなく「法器」（仏具）だった。普化宗と尺八に関する諸々の伝説があるが、これは史実とは思えない。十七世紀末期から、いまのような楽器になったと考えられている。

「虚無僧」ということばは、「薦《こも》（菰）僧」からきたもので、こも（寝具とした）を持ち歩いて野宿をしていた乞食《こじき》坊主という意味がある。

時代劇で、天蓋《てんがい》で顔を隠した虚無僧が、尺八に細工をした仕掛け刀を抜いてチャンバラをやっているシーンがよくあった。

というのも、普化宗は摩訶《まか》フシギな宗派で、ふつうの仏教とはかなり異質である。「僧」というのだからお坊さんではあるのだが、宗徒は武士出身の半俗半僧の者たちで、寺をもたず尺八を吹いて諸国を托鉢《たくはつ》（家をまわって施しを受けること）して回り修行とした。

しかもかれらは幕府からさまざまな特権を与えられていた。虚無僧の免許状を持っていれば、なん人《びと》も干渉してはいけない、諸国往来、どこへ行くにも関所も通行自由、渡し船の運賃はタダ、顔も見せる必要はない、藩の掟は通用せず無礼をはたらいてはならない……云々。

こうしてみると、世間から身をかくす必要のある武士にとってはまさに好都合、幕府の私的警察（隠密）の役目を担っていたとしてもふしぎではない。

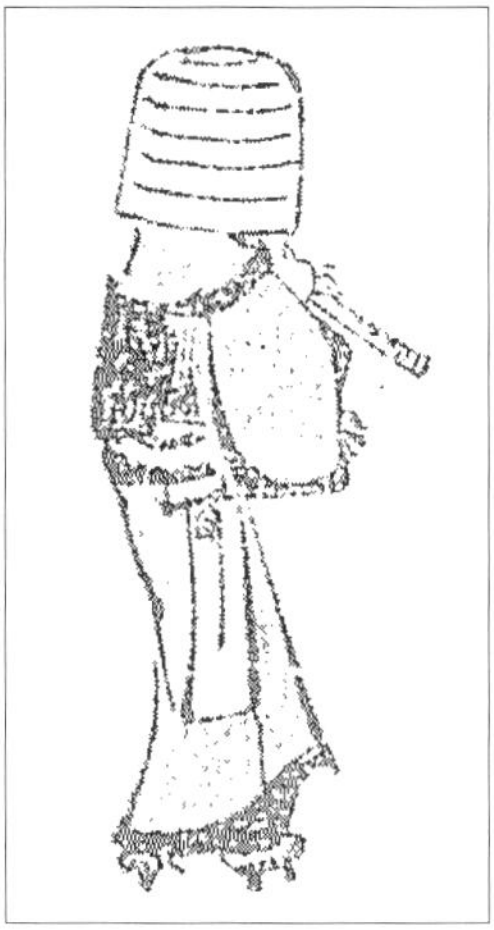
虚無僧（北斎漫画）

江戸時代、関東の虚無僧寺《こむそうでら》（定期的に虚無僧が集まるところ。仏像も檀家もない）の総本山として栄えたの

法身寺に残る天蓋と偈箱

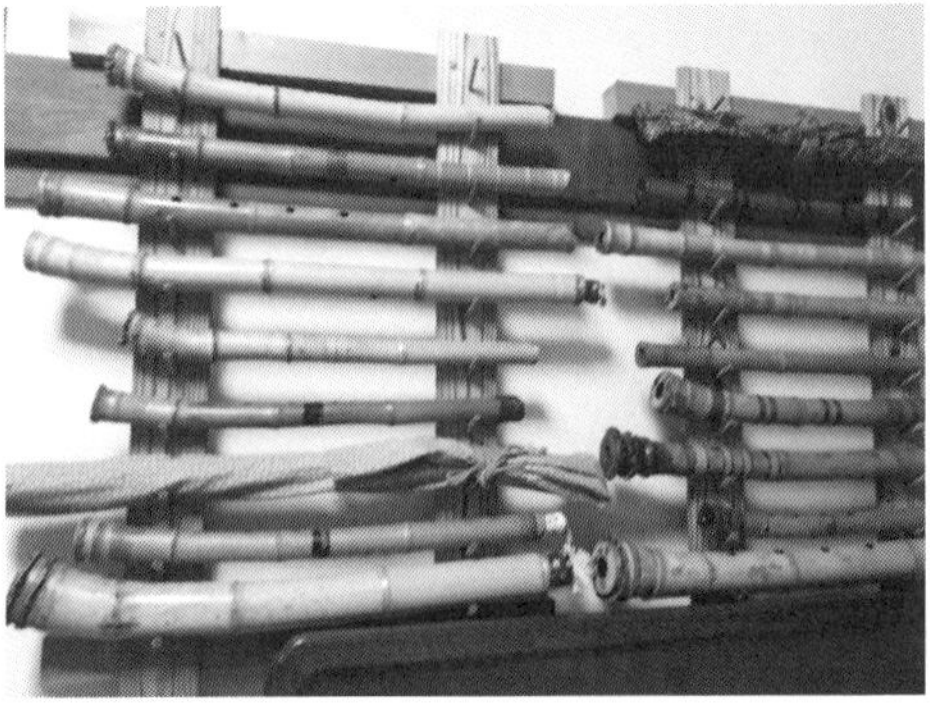

法身寺に残る虚無僧尺八

が、青梅《おうめ》の鈴法寺《れいほうじ》と、下《しも》総《ふさ》・小金（現在の千葉県松戸市）の一月寺《いちげつじ》である。どちらも一八七一（明治四）年の普化宗廃止によって廃寺となった。

かつて訪れた鈴法寺のほうは、跡地は小さな史跡公園となり、その隅に歴代住職の十基の墓石がひっそりと残っているのみであった。近くに東禅寺とよぶ小さなお堂と、扁額が移されていた。

公演のベンチにすわっていると、乾いた音をたててドングリが落ちてきた。

跡地となりにお住まいの、郷土史にくわしい館盛光氏のお話では、最盛期には寺の敷地も広く、全国から上ってきた多数の虚無僧が出入りをしていたという。

新宿区の牛込に、この鈴法寺の江戸番所（別院）があり、その菩提寺であった法身寺《ほっしんじ》には膨大な虚無僧関係の資料が展示されている。ご住職の小菅大徹氏は虚無僧尺八の研究家で、「虚無僧研究会」を主宰されている。

いっぽう、一月寺に伝わる資料その他は、現在松戸市立博物館の一室を占め、整理展示されている。虚無僧が持っていた全国行脚《あんぎゃ》のための通行証である「伝道印」には、

「十二街道吹尺八東西南北自由身」

との文面が読みとれた。この書き付けをふところに、ここに記された「暁道」という名の僧は、どこへ旅をしてどんな曲を吹いていたのだろうか。

関西では、京都で虚無僧寺の中心であった明暗寺《みょうあんじ》のながれは、明治以降、東福寺の塔頭《たっちゅう》のひとつである善慧院《ぜんねいん》にうけつがれてきた。ここの境内には「吹禅」と彫られた大きな石碑が建てられている。この寺の開祖で、尺八曲《虚空《こくう》》などの作曲をしたとされる虚竹禅師《こちくぜんじ》が尺八を吹く姿の像が安置してある。ご住職にお話をうかがったところ、明暗流として三三曲が伝えられているという。

明治になり、一八七一年の政府の普化宗廃止令により、普化宗も虚無僧もともに歴史から姿

を消した。虚無僧寺も忽然と消えているのである。

研究者のなかには、この通説や虚無僧の存在、形態に疑問を投げかけている方もある。宗教というベールにおおわれて、邦楽史の分野でも謎に包まれた部分である。

（註3） 曹洞宗香澤山

（註4） 尺八古典本曲（後述）。故人の霊を慰める追悼曲となっている。

（註5） 二〇一九年は全国から一五〇人が参列、紺野美沙子氏による朗読や、詩の朗読と尺八のセッションなどがおこなわれた。

（註6） 臨済宗国泰寺派の大本山。

現代尺八

元来、法器として宗教的な意味合いをもっていた尺八は、一般人がおこなうのは禁止されていた。

しかし、江戸時代中期以降はそれはたてまえとなり、公ではないが一般の人にも教授がおこなわれており、音楽家として優れた人もあらわれた。

この指導者のなかから出た**黒沢琴古《きんこ》**（一七一〇〜七一）が、全国行脚中に集めた曲を整理して**琴古流**の基礎を確立した。

また明治になって、**中尾都山《とざん》**（一八七六〜一九五六）が**都山流**をたて、組織の近代化や作曲、楽譜公刊などの業績を残した。（註7）

現在、この二つが二大流派として尺八界を引っ張っている。

尺八本来の、尺八のみの曲を〝**本曲**〟といい、箏や三味線などほかの楽器や種目と合奏するものを〝**外曲《がいきょく》**〟という。

明治時代以降は、箏、三味線、胡弓という形式であった〝**三曲合奏**〟の胡弓に代わって用いられるようになった。

Q&A 新しい尺八にはどんなものがある？

現代邦楽に呼応して、楽器としても工夫や改革が加えられた。多弦箏とおなじく細かな半音進行などに対応するために「**七孔尺八《ななこう》**」という多孔尺八が登場した。リコーダーのように七音音階なので音ムラが少ない。

オークラウロを演奏する大倉喜七郎（大倉集古館蔵）

また尺八とフルートを合わせた**「オークラウロ」**という楽器も発案された。これは尺八の良さを失ってしまったため普及しなかったが、最近になって復活させてアンサンブルを披露しているグループもある（100頁参照）。

現代邦楽の合奏のなかで、管楽器の主流となっている尺八の様子は、４項で述べる。

（註7）明治末から大正初期にかけて、公平な試験による教授者の職格制、評議員制度の財団法人化、独自の楽譜の著作刊行を実施するなど流派の近代化を図った。国内外への演奏と講習会など宮城道雄、中島雅楽之都らと「新日本音楽運動」に力を注ぎ、全国規模の大流派を築きあげた。作曲は《岩清水》《木枯《こがらし》》《慷月調《こうげつちょう》》など二七曲。

2、尺八について（楽器編）

楽器の構造

本章の冒頭にあげたような素材で作られてしまうように、リードのない非常に素朴なたて笛である。

Q&A　尺八を作るのはどんな竹？

素材は竹。

「だけどパンダのごはんとは種類がちがいます」と中国で講演するとなぜか必ずウケる。パンダが食べるのは孟宗竹《もうそうちく》だが、尺八には真竹《まだけ》を根元から使う。

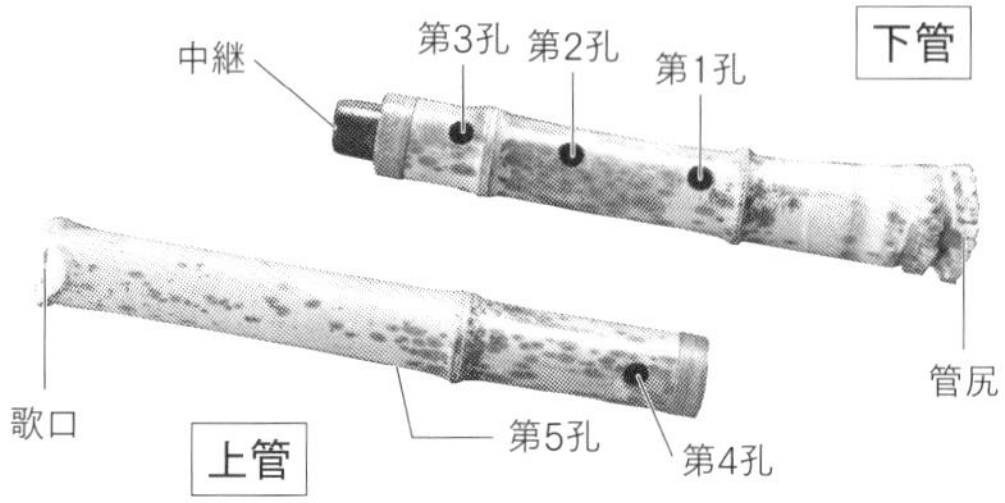

尺八の上管と下管・部分名称

「お竹の先生方が楽屋入りされました」
「竹があたたまるまで吹き込まないと……」
などと邦楽の世界の習慣で、尺八の楽器やパート、奏者のことを「竹」「お竹」とよぶこともある。

東アジアの伝統的な管楽器はほとんどが竹製で、中国の洞簫《どうしょう》、韓国のピリ、テグム（横笛）などおなじような笛がアジア各地にあるが、中近東では竹が生えないので葦《あし》笛になる。古代ペルシアで作られたのが現在イランのナイ、トルコのネイで、その語源は「葦」である。素材が軽くスカスカしているので、茫洋とした音色だと感じる。

インドネシアでは竹琴の音楽もたいへん発達しており、太い竹の大地を震わす音はとても迫力がある。

穴（孔）は表に四つ、裏に一つの五つしかない。すべて押さえた最低音を筒音《つつおと（つつね）》といい、下から順に開けていった音を〝全音〟という。音階としてはレ・ファ・ソ・ラ・ドとなり、民謡音階とおなじである。だから民謡の伴奏によく使われている。

先に述べた松戸市立博物館の虚無僧関係の展示室には、フルートと尺八のおなじ音高の音波が見られるようになっていた。フルートがきれいなサインカーブを描くのに対して、尺八は不規則で複雑な波形を示す。これは尺八が多くの倍音（一つの音に対して、振動数の関係で複数の共鳴する音）を使っているということだ。

なので、録音やホールでPAを使用するときには、尺八のミキシングがもっともむずかしい。尺八らしいノイジーな感じを消してしまっては、別の楽器になってしまうからだ。

水道水のような澄んだ音を良しとする西洋音楽の価値観とは異なる楽器である。これを雑音ととらえるか、味わいと感じるかが西洋と東洋の感覚のちがいではないだろうか。三味線のサワリの構造や、声楽のコブシ、アタリなどと共通している。

あまり知られていないが、管のまんなかで二つに切ってあり、上管と下管に分かれる。元来は竹をスパッと切って孔をあけただけの、上下管に切ってない「延べ管」というものであった。以前は虚無僧がひとりで吹いたものだったので、長さ太さもまちまちで音高をそろえる必要もなかった（182頁写真参照）。

地無し延べ管尺八　奥田敦也氏

尺八のできるまで

現在でも、「地《ぢ》無《な》し延べ管尺八」という尺八で演奏活動をおこなっている尺八家がいる。「地なし」とは、管の内側に砥《と》の粉《こ》や漆などの地を塗らないことで、明治以降の現代尺八とは異なり、節をくりぬいて孔を開けただけの自然の竹に近い尺八をいう。

その演奏家の第一人者である奥田敦也氏は、山へ行って竹採りをするところから製管までをおこなう。毎年実施している「竹採り会」には、世界中から愛好者が参加している。

「竹採りじいさん」のようにかぐや姫は見つからないと思うが……。

「法竹《ほっちく》」「一音成仏《いっとんじょうぶつ》」など禅に関係する語も多く、奥田氏がかまえる竹から流れ出る深い音色は、ほんとうに自然と一体となっているかのように心をゆさぶる。まさに精神統一、自己修行、真理を悟るための道具ということばが納得である。

竹は寒い地方のカラっ風が吹くような山で育ったものがよいとのこと。自然の竹はまっすぐ生えているわけではなく、また尺八は根元から必ず七節で作るので、どの長さの尺八になるか判断しなければならない。八寸管を作りたいと思っても、サイズが合う竹はなかなか見つからない。加えて竹の太さ、硬さ、肉厚、節の間隔のバランスなど、すべて良い条件をそなえた竹はまれだという。

竹の油抜き

天日干しの竹

採った竹を火にあぶって油抜きをする。それを十日から二週間天日に干してさらに屋内で三年以上寝かせる。この間になんともいえぬ自然の色や模様が竹の表面にあらわれてくる。それからようやく製作にかかる。

Q&A 尺八の製作工程は？

（以下の取材と写真は遠藤晏弘《やすひろ》尺八工房）

①曲がっている竹を炭火であぶって節を自然な曲がりに直す（矯《た》め直し）。
②根を切り、管尻（先端）の「ゴロ根」の形を整える（人によってはすべて切り取る人もいる）。
③上、下管二つの部分に切り、中の節を抜く。
④中継ぎを作る（はめたときにきつくなく甘くなくピッタリと合うようにする）。
⑤歌口の部分をななめに切り、角のうすいところを保護するために水牛の角をうめこむ。
⑥ドリルで手孔をあける（音程が合うように太さによって加減する）。
⑦内側をガリ棒で削って調整する（この細工がもっとも音に影響する。管の内部は下にいくほど細くなり管尻でまた広がっている）。
⑧砥《と》の粉と漆を混ぜた「地」を塗って内径を整える。
⑨内部に漆を塗って仕上げる（一塗りで〇・一ミリ位の調整をする）。

⑩ 中継ぎに麻糸を巻き、籐《とう》やべっ甲などの装飾をほどこす。

⑪ 陶製の道具で表面を研いでツヤを出す。

ほとんどの工程が終わるまで音を聞いて確認することはできない。吹いてみてさらに調整を重ねていく。自然の素材を相手にすべて手作業なのだ。自分の思うような尺八に仕上げるために竹と会話し、なだめすかし、あるときは格闘する仕事であると感じた。

矯め直し

漆を塗る

3、尺八の奏法と特徴

体験ワークショップでは、最初はなかなか音が出ない人が多い。とくに子どもたちは一生懸命に息を吹き込むのだが、スースーとしかいわない。これは口に歌口を当てる角度が悪いことが多い。ビール瓶を吹いて音を出すような感じで、息の半分を管に、半分は外に吹くのである。横から手をそえて角度を調整してやると、ブーと鳴って喜んでいる。

両手の親指と中指で管を支えて、人さし指と薬指で指孔を押さえるのだが、二尺管以上の長管になると孔の間隔が広くなるので、指を大きく広げなければならず子どもではむずかしい。

尺八に孔は五つしかないが、もちろん十二半音すべてを出すことができる。全音の中間音を出すときには、孔を半分ふさいだり、あごの角度を変えたりして半音上下の音を作るのだ（註8）。だから、全音に対して音量と音質の差があるのだが、この「音ムラ」が尺八独特のひびきと音楽を作り出している。

全音の音列は半音をふくまない音階であるので、都節音階の半音を出すときは〝メリ音〟を使わざるを得ない。しかしこの暗くて潜んだ音色が、全音へ動いて安定感を得て解決したいという欲求を高めていると思う。

Q&A 「首振り三年　コロ八年」ってどういう意味？

尺八の修業をさしていうことば。

尺八の特徴ある奏法に、あごを引いたり出したりして異なる音へなめらかにすべらせるポルタメント奏法がある。

これを利用して首をたて、または横に振って音を揺らすことを「ユリ」という。首を回すのが「回しユリ」である。

また、古典本曲《鶴の巣籠《すごもり》》という曲では、鶴の鳴き声が「コロ」という奏法でとてもリアルに表現されている。フルートでのトリルに似た細かな奏法である。うまく演奏するには、微妙なテクニックと音楽性が要求される。

一般に、尺八は音をうまく扱えるようになるまで年数がかかるというたとえである。

「ムラ息」という音は、ブホーッという激しい息の音をそのまま使うもので、小学校で実演してもらうと子どもたちがびっくりする。これも完全に雑音であるが、薩摩琵琶の撥で叩く音や箏のスリ爪などとおなじく、実にうまく音楽に取り入れている。

（註8）同じ指使いのままあごを上げると音が上がり、引くと音が下がる。これを「カリ・カリ音」と「メリ・メリ音」という。動詞は「カル」と「メル」。

4、現代の尺八事情

述べたように、ひと昔前のように、尺八を吹く人＝気むずかしそうなオジさん、吹いているのは民謡の伴奏というイメージは今はまったくない。若くてイケメンの男性や女性尺八家も大活躍している。

ジャズや洋楽とも相性が合うのでよくセッションしている。人間国宝であった故（初代）山本邦山氏は、ジャズで培った技術で類まれな才能を発揮して、楽器としての可能性を追求して現代邦楽をリードされた。

国際尺八フェスティバル（2018年、ロンドン）

意外と海外の国々で愛好者が多い。

二〇一八年八月、ロンドンにて国際尺八フェスティバルが開催されたが、世界三〇か国から約二〇〇人の演奏家、愛好者が集まり、大きなイベントとなった。日本の民族楽器でありながらこれはすばらしいことではないか。

国内ではNPO法人全国邦楽合奏協会という団体が、「全国邦楽合奏フェスティバル」を全国で五回開催、アマチュアグループや高校生らのコンサートをはじめ、新案楽器やアジア民族楽器の展示、楽譜・CDや邦楽用小物販売など邦楽愛好家のための楽しい企画を展開している。

そのなかで、尺八メーカー数店が出店し、吹き比べができるブースも人気のひとつとなっている。その場で音が出せて自分に合った楽器をさがすことができるのはうれしいと思う。

尺八吹き比べブース
（全国邦楽合奏フェスティバル）

尺八作り体験
（全国邦楽合奏フェスティバル）

二〇一九年五月十日、日本尺八演奏家ネットワーク（ＪＳＰＮ）の設立公演が開催された。ＪＳＰＮは、まさにいま第一線で活躍するプロの尺八家たちが、流派やジャンルを超えて創造的な音楽を発信し、日本文化の発展普及をめざすために結成したグループである。

伝統と現代に真正面から取りくんだプログラムに、メンバーの意気込みと技術、精神の高さ、自由さを感じることができた。

このようにグローバル化し、自由な独創性をもって一般にも浸透を図っている尺八界である。

箏や三味線が皮や象牙の調達で危機的状況にあるのに比べ、尺八は国内の竹でまかなえるし、ほとんど装飾備品が不要なのでその問題はいまのところ深刻ではない。

とはいえ、町を歩く日本人に、

「尺八の孔はいくつあるか知っていますか？」

「尺八の生の音を聞いたことがありますか？」

と質問してみれば、ほとんどの答えは「ノー」ではないだろうか。

プロをめざして勉強してもきびしい世界である。学校公演で演奏はしているが、授業にまで取り入れられることは少ない。

邦楽界として抱える問題点は箏や三味線とおなじである。

プログラム

第7章

邦楽界のいま

昭和後期に現代邦楽が確立し、平成時代は、邦楽界に若手スターがあらわれ、自由な作曲、演奏活動もさらに活発になった。さまざまな楽器、音楽とのコラボレーションもおこなわれて、流派会派をこえた動きがふつうに認められるようになっている。

海外演奏も珍しいことではなくなっている。

しかし、平成も終わり令和をむかえたいま、邦楽界はたいへんな状況をむかえているのである。

1、学校教育の現場

Q&A なぜ学校教育に邦楽がなかなか取り入れられなかったのか？

前述したように、教科書のなかで、邦楽や世界の民族音楽のウェイトが年々大きくなっていることはよろこぶべきことである。だけど、自分の国の音楽じゃないか！ これまで、あたりまえのことが、あまりに無視されてきたのである。

明治の国家教育の開始にあたって、学校の音楽教育に邦楽がなかなか取り入れられなかったのには、それなりの理由もある。

①邦楽の伝承には流派、会派が存在したこと。

②それぞれの流派で独自の楽譜を使用していた。

③曲目、演目のほとんどが男女のラブストーリーを題材としている。

など、家庭教育として続いてきた邦楽には学校教育に不向きな面もあったのである。

②は一八八九（明治二二）年に文部省音楽取調掛《とりしらべがかり》が『箏曲集』という初の五線譜による箏曲の楽譜を公刊した。流派を超えた教育に使おうとしたのだが、それは邦楽界が受け入れなかった。③は第2章（94頁参照）でも述べたが、三味線などは花街で発達したという歴史から、素材がおとな用のものになっている。

学校の授業での問題点

二〇〇二年度に、中学校の音楽の授業で必ず和楽器を習得すること、とようやく文部科学省で決定した。

以来、全国の自治体は小、中学校への訪問公演、子ども体験教室を企画、熱心な先生は学校の授業にも邦楽を取り入れるようになった。和楽器といっても、統計的にみると圧倒的に箏を取り上げている学校が多い。

その理由は、準備はたいへんだが弦をはじけば旋律を弾くことができて、曲までマスターすることが容易であるということだ。指導者も全国的にいて人口がもっとも多い。

三味線はかまえて撥で弾くだけでもむずかしく、尺八はなかなか音が出ない。授業というのは進歩の差はあっても、完結した結果が必要なのである。何時間もフーフー吹いていたけど音が出なかった、では授業に適さない（註1）。

でも、文科省で決定はしても、音楽教諭が大学で日本音楽をほとんど勉強してきていない。実技実習があったかどうか、日本音楽史の講義が必修であったかをたずねてみると、ガッカリしてしまう。本人たちではなく、大学の教職課程の問題である。日本の子供を教える音楽教諭が、日本音楽のことをほとんど知らないのが現状である。

教育センターや教育委員会主催で、音楽教諭に対してのワークショップは何度もおこなったことがある。しかし、半日や数時間受講したからといって、生徒に教えるところまではなかなかいかない。

それならば邦楽を敬遠するのではなく、ぜひ専門家にサポートティーチャーとして依頼してほしいと思う。

　しかし学校の授業としての内容で教えることのできる邦楽人は少ない。すなおに言うことをきく生徒ばかりではない。問題をもつ生徒にもどのように対処したらよいかなどは、経験、場数しかない。逆に邦楽界において、教育現場での教え方というワークショップも必要ではないだろうか。大学で児童心理学や実践の研修を修めて教職免許をもつ人たちに奮起してほしいと思う。

授業風景（上・箏　下・三味線）

　音楽教諭には歌や吹奏楽など自分の得意な分野があるので、授業もそればかりに偏ってしまいがちである。だから邦楽器といっても太鼓を叩かせて終わりのところも、ＣＤを聴かせるだけという先生も多い。受験科目ではないので、一週間に一時限の授業がほとんどで、しかも学校行事などのしわ寄せがきやすい。ちゃんと教えているか査察が入るわけでもない。娘が通った都内の小学校では一学年一クラスになってしまい、公立というのに音楽や美術の先生は複数校をかけもちで授業をおこなっていた。

また、楽器の調達という問題がある。教育センターでまとめて箏と爪を所有し、期限を決めて申し込みのあった学校に貸し出すシステムのところが多いが、これを利用するかどうかも、先生の熱意次第なのである。

教頭先生や音楽教諭で熱心な先生のおられる中学校に、私は長年サポートティーチャーとして一年生から三年生までの授業に入っている。

中学一年ではまず箏についてかんたんな解説をして、《さくらさくら》の旋律をマスターし、二時間目には二重奏まで弾かせる。変奏の苦手な生徒は、旋律のみを弾いて合奏を楽しめばよい。効果音のようにかき鳴らすなど自由に好きなことをやらせると、生き生きと目を輝かせて弾いている。

二年生では、一時間目は弾き方を思い出すために《さくらさくら》の復習をする。たいていはすぐに思い出して弾けるので、それから転調も経験させて（予め糸に印をつけておいて、箏柱を移動させる）、《もののけ姫》を題材に使っている。子どもは知っている歌は楽しんですんなりと弾いてしまう。

学校の授業というのは、限られた時間である程度成果を出さねばならない。三味線や尺八は、あつかい方に慣れたり音が出るまでに時間がかかったりするので、授業にはむずかしい面があるが、前述の中学校では、必ず長唄三味線や謡までも実技をとりいれている。

ただ箏の準備はたいへんで、四〇面の楽器を授業時間までに調弦しなければならない。異なる学年が続く日は、転調の印をつけて、さらに五分の休み時間のたびに元にもどす。慣れている学校では、吹奏楽部の生徒が楽器を並べて箏柱をおおよその位置に立てておいてくれるので、ずいぶん助かる。

経験のない学校では、ひとりで楽器を並べねばならず、箏柱がまったく逆に立ててあったりしてかえって手間がかかってしまったりする。でも授業をやってほしいとオファーがあるなら、ぜひどんなところでも引き受けたい。邦楽のために全国でもなかまががんばっている。学校行事の関係で、邦楽の体験は一月、二月というところが多い。

「体育館だったので指がかじかんで困った」

などという声も聞く。私も大雪の年に車が出せず、やっとの思いで学校にたどり着いたこともある。

同（箏と謡）

連合音楽祭（金沢市）（能管）

もちろんすぐにマスターする生徒もいれば、なかなかうまく弾けない子もいる。しかし個人レッスンではないのだから、偏差値ではないが平均的な仕上がりを把握して、大多数を引っぱって満足感、達成感を与えることがたいせつである。

二〇一四年の金沢市中学校連合音楽祭で、私が毎年音楽の授業で箏を教えている学校は、三〇人で箏の三重奏、ほか能管、締太鼓、一二〇人で謡曲《羽衣》を披露した。完全な日本音楽による初めての発表として新聞にもとりあげられた。

とはいえ、限られた時間数のなかで、合唱コンクールや卒業式の歌の練習も必要である。和楽器が必修になったといっても温度差があり、その内容の足並みはそろっていない。

しかし、情操教育をおろそかにしてはいけないと思うのは私だけだろうか。

晒に挑戦

同（締太鼓）

（註1）すぐに音が出るような歌口（リード）が開発されたこともあるが、浸透しなかった。

自治体による学校公演の推移

私は、出身地でもあることから全国に先駆けて始まった石川県、金沢市主催の小、中学校公演に四〇年近く継続して協力している。一〇校を訪れた年もある。教頭先生（いまは副校長）や音楽の先生が異動で移った学校でまたよんでくれるというケースも多かった。

県の公演では白山の奥から能登半島の先端まで出かける。最近は人口の少ない地域にも立派なホールがあって、そこでの実施も多いが、特に暑い季節に体育館での公演は体力的にきついものがある。

しかし、生で邦楽を聴く機会があまりない子どもたちは、ほんとうに熱心に聴いて体験して興味を示してくれる。もしかして、

学校公演

この子たちが箏の演奏を聴くのは一生で今日だけかもしれないと思うと、イヤでも力が入る。

休憩時間には必ず体験を設定しているが、人数の多い学校では全員が触れることは無理である。以前はステージ鑑賞型、楽器の説明が主であったが、最近では実際の体験型に変えて時代の移り変わりに合わせている。

たとえば日本舞踊でも見るだけではなく、実際に何人か舞台に上げ、晒《さらし》を使わせるのである。時には先生も巻き込み、友達が必至でトライしているのをみて、大ウケで盛り上がっている。

トトロが出てきそうな木造校舎で、全校

生徒が八人という山奥の小学校にも行った。

ケージにはうさぎだかリスだかわからない動物が飼われていた。校長先生が初めて赴任した日に、子どもたちが山を案内してくれたそうだ。

子どもたちと名前でよびあい、体験では先生方（といっても数人）も参加されて、全員が体験できるのですぐに弾けるようになった。

そのご縁で秋の村祭りに招かれ、子どもたちにも演奏させてコンサートをおこなった。

音楽の授業の日と放課後に三回訪問して、高学年と低学年でちがう曲を教えた。どの子も箏を弾くのを楽しんで、我々が行くのを待っていてくれた。

文化祭ではどこにこれだけの人がいたのか、というほどの人が学校の体育館に集まってきた。最後に我々が箏と十七弦で伴奏して、校歌を歌ってもらう。保護者や家族のみなさんが子どもたちの演奏に拍手喝采のあとは、こちらのコンサート形式にした。お礼に、地元で採れる山菜とその料理を山のようにいただいた。縁がつながって、とても気持ちのよい仕事であった。

しかし、学校の方針でこのような企画に応募してくる学校が減っている。

授業時間数の確保に必死なのか、スポーツや英語教育のほうを優先するのかわからないが、日本の義務教育であるなら、日本人として知っておくべきことを体験する機会を子どもに与えてほしいと願う。

部活指導の変遷

高校では、箏曲部の部活動がある二校に指導に入っている。部活という場でもあり、高校生ともなると自主的に、現代曲の合奏曲にチャレンジしている。

しばしば県の代表で全国高校総合文化祭に出場するため、引率して各地に出かける。野球でいえば甲子園だ。だけどそれほど注目されず、周囲の反応も冷めている。

全国から精鋭の学校があつまってのコンサート形式のコンクールであり、毎回常連校の指導者の方と再会して近況を話し合ったりもする。もちろん会派はさまざまの講師たちである。

問題は、すばらしい技術を披露していた上位入賞校の生徒でも、卒業してからお箏を続ける人がとても少なくなっているということだ。以前は卒業したら多くの人が入門して、名取の資格をめざした。

邦楽界を支える人口が減り、楽器屋さんもきびしい状況になっている。二〇一九年二月には朝日新聞紙上に「邦楽の音　守るには」というタイトルで、邦楽界の窮状を訴える記事が大きく載った。

邦楽の音 守るには

減り続ける邦楽器製造数

将来の可能性 流派の外に

田中隆文さん

稽古のシステム 崩れている

藤本昭子さん

海外で大歓声 日本伝統の力

上妻宏光さん

負のループ 総力戦で断とう

野川美穂子さん

三味線

朝日新聞記事

保育園児も体験

箏曲の教授資格をもっていたら、まず自分の子どもや孫、地元の保育園、幼稚園、学校にアプローチすることから始めてほしい。次は先生や弟子の知り合い、伝手《つて》をたぐって邦楽の公演や授業をやらないかと声をかけてみたい。そこから、また縁がつながり広がっていく。保育園で、茶道の体験をさせていると聞いて、横でお箏を弾かせてもらったという人もいる。子どもたちが生の音を聞いて、次は触れてみたいと思ってくれるかもしれない。

邦楽人は売り込むことが下手なのだが、学校で邦楽が無視されていることをただ見ていて嘆息していては進歩しない。学校側も、どこに依頼してよいかわからないとか、楽器の問題などを相談するきっかけがないのかもしれない。

長女が小学校一年生のとき、国語の授業で鼻濁音の学習で、まどみちおさんの詩をやっていた。

「ばか　いきているうち
はか　しんでから。
はち　ぶんぶんに
ばち　ぺんぺん。」

娘が帰ってきていわく、「みんながね、これ、タイコのバチって言ってた」

「おいおい、『ぺんぺん』なら太鼓じゃなくて三味線でしょう！」

でもいまの東京の子は三味線なんか見たこともないだろうな、と先生に申し出て、次の国語の授業で私は教室で、三味線を「ぺんぺん」鳴らしていた。

すぐに対応してくれて、よい先生だった。

2、異分野とのコラボレーション

シタールとコラボ

異なる音楽との共演

宮城道雄が一九二八（昭和三）年に東京交響楽団のオーケストラと共演した写真が残っている。同年、昭和天皇即位の御大典がおこなわれた際の、奉祝曲として作曲された自作の《越天楽協奏曲》である。近衛直磨《このえなおまろ》がオーケストラ編曲、指揮は兄の近衛秀磨《ひでまろ》である。雅楽曲を題材にした変奏曲を、箏とオーケストラのコンチェルトという形での演奏は未曽有の試みであり、当時の人々にとってたいへんなおどろきと新鮮さであっただろう。

また《春の海》は前述したように、ヴァイオリンとの演奏によって世に出たもので、フルートのアイザック・スタ

箏・尺八・ピアノ三重奏

箏・ボサノバ・ジャズピアノとの共演

ーンとも共演している（私はヴァイオリン、フルートのほか中国の二胡やインドのシタールとも共演したことがある）（前頁写真参照）。
　尺八の人間国宝であった山本邦山氏は、ジャズとの共演で新境地を開き、その効果として技巧的に五孔尺八の可能性を追及し、現代邦楽の魁となって活躍した。
　いまでは、世界の民族楽器と箏、尺八のステージも珍しくない。
　とはいえ、たんに他のジャンルの真似をしたり、伴奏のみの音楽になったりしては意味がないと思う。

楽器なのであるから、どんな旋律でも単純に音をなぞることはできる。ドレミ……で調弦して、若い人や学生がよくポップスなどを演奏している。アレンジ曲もこの調弦法がよく用いられる。ただし音域が狭いのが箏の欠点でもあるので、複数のパートでカバーする。ピアノでは不可能な中近東の微分音を含む音楽（半音より細かな音階）だって、箏柱の位置によってどのような音も作ることができる。

でもたんにそれだけなら、なにも邦楽器で弾くことはない。

私もボサノバ、ジャズピアノのプロとセッションさせられたことがある。かれはボサノバの代表曲である《イパネマの娘》をいっしょにやろうと言ったが、それは向こうの音楽である。おなじ土俵に立つのではなくなってしまうので、《浜辺の歌》を二人でアレンジして共演した。最初箏でメロディーをたっぷり聴かせるのはよかったが、あちらは元来即興の音楽、途中で約束事もなにもなくなって自由にギターをかき鳴らすので、こちらも即興で思いきり弾いたらえらく受けた。本人は冷汗ビッショリであったが…。

金沢市の財団との共催で「仲間たちとのＫＯＴＯコラボコンサート」と題して、五回シリーズでさまざまなジャンルのプロとのコンサートを企画した。共演者は語り、洋楽器、胡弓、三線、山田流箏曲、長唄三味線、能楽、鼓など多彩なゲストで、一般に楽しいステージを提供して邦楽ファンを増やすのが目的であった。半分のお客さまはお箏を生で聴くのが初めてという方たちである。また邦楽の方も、わざわざ異分野の舞台を見に足を運ぶことは少ないので、おたがいのメリットとなった。だからもちろん、それぞれの古典など専門の曲をきちんと聴いてもらう。

そのうえで毎回、共演のための新曲を委嘱、またはふたりで作曲して発表してきた。既存の曲を練習するのとはちがって、まったく新しいものを作り出すのは苦労ではあるが、異分野の音楽家たちと話し合いながらのとても楽しい作業であった。

自分の楽器、音楽が妥協することがないので、思いきりぶつけあうことができた。

3、危機的な楽器の素材

邦楽器には象牙をはじめ、べっ甲、絹、猫・犬・馬皮のほか紅木、紫檀などの唐木が使用されている。

社会的な問題として、ワシントン条約以来動物の素材が手に入りにくくなった。楽器店は抱える在庫量をにらみながらの商売である。当然価格も高騰している。

代替品の開発

象牙密猟のニュースをみるたび、動物好きの私は心が痛む。

もちろん楽器の備品のみでなく、中国などでも昔からぜいたく品として利用されてきた。しかしヒトが生物として生きていくうえで必要とは言えないもののために、許されてよい現象ではない。

ただ、箏爪、箏柱《ことじ》、三味線の撥、箏の部品などには象牙が使われており、特にプロの演奏家はステージでは欠かせない。

箏糸に関しては、五〇年前はほとんど絹だったものが、現在では箏の演奏家は大多数がテトロン弦を使用している。試行錯誤の末に、音色や爪のタッチもたいへんに研究され向上している。

柱や撥にしても、練習用ではプラスチックで済まされるのだから、早くプロの演奏家も満足してステージで使用できるような代替品が開発されるのを首を長くして待っている。

そのための開発費を国に援助してほしいという署名運動もおこなわれた。

三味線の猫皮も数年先には入手困難になるといわれている。

これは、カンガルーの皮が新しく試されており、プロも張ってみて試している。オーストラリアではカンガルーは増えすぎて「害獣」とされているという。これも人間のエゴのような気がする。人工皮革も研究されているが、撥先のタッチが硬く長い曲を弾くにはまだ問題点がありそうだ。

尺八は体験教室用の楽器はプラスチック管で代用している。もちろんプロは真竹を使うが、輸入の必要がないだけに弦楽器に比べて価格も安く、素材の調達はあまり問題になっていない。

邦楽人口は、もっともさかんな時代に比べてとても減っている。全国的にその傾向はおなじで、大きな問題となっている。邦楽器店の売り上げが、最盛期に比べて二割以下という報告もある。

以前のように和の文化に興味をもたれないわけではなく、むしろ若い人たちが着物で町を歩いたり、民家や町屋の人気が上がったり、日本的なものを見直そうという雰囲気は盛りあがっている。箏や和太鼓の子ども体験教室には、定員以上の申し込みがきて、実技をたのしんでいる。二〇一八年の夏休みに私が講師をつとめた石川県主催の親子体験教室の箏の部には、定員三〇人に対して一三〇人の応募があった。

しかし子どもは習い事といえば塾やスイミングで、学校ではサッカー部や吹奏楽部に集中し、箏曲部に入って全国大会まで行った人でさえ、大学ではちがったことをやっている。

昔のように、師匠に入門して汗と涙を流して修業し、名取（教授）になるというコースは選ばない。一生を何かにかけるという意識はうすくなっている。選択肢が多すぎるのだろう。

個人社中には子どもがいなくなり、若い人たちも、ちょっと楽しめれば「次はなにをやろうかな」とほかのことに移っていってしまう。以前は春と秋には、多くの社中がおさらい会を開催していたが、今では個人社中の演奏会は珍しくなっている。

日本の伝統音楽、芸能を支えていく人たちを育てて、次の世代につなげていかねば、いつかはやる人がいなくなり、消滅してしまうという危機感をみんなもっている。

かつて王選手や長嶋選手にあこがれて野球少年が増えたように、邦楽界にもスターが出てほしい。幸い、イケメンの若い演奏家が出てきて人気を得ているので、魅力ある世界であるというアピールをしてほしい。

ポップスの世界で、七〇年代から、自分で作詞作曲をするシンガーソングライターが出てきて一世を風靡した。

現代邦楽ではそれに先駆けて、演奏家が作曲を手がけ始めたのだ。

私も必要に迫られてたまに編曲をしているが、何ごとも挑戦していくことがたいせつではないだろうか。

冗談で「絶滅危惧種」と言われつつあることを、笑ってはいられない。

あとがき

二〇二〇年には東京オリンピック、パラリンピック、二〇二四年には大阪万博と世界に日本を発信する機会が訪れる。日本を訪れる人には日本の文化で〝おもてなし〟をして、知ってもらうことが一番ではないだろうか。

東南アジアに行けば空港やホテルのロビーで、民族楽器の生演奏が迎えてくれる。韓国の平昌《ピョンチャン》オリンピックの際の紹介デモンストレーションには伽耶琴が登場した。みな自国の伝統音楽をとてもたいせつに誇りに思っている。

日本人が世界に誇る日本文化、なかでも言葉の不要な伝統音楽、芸能が今後さらに普及発展するべく、私たちも力を注いでいきたい。

いま一度、ヌスラデ・ワジディン氏のことばを記しておきたい。

「二十一世紀の今日、各民族、地域の文化がもつ特長を守ってこそ、社会の調和と世界の平和を維持することができる」

著者紹介

釣谷《つりや》真弓《まゆみ》（芸名・釣谷《つりや》雅楽房《うたふさ》）

箏曲家・日本音楽史研究。金沢市出身。

日本国内、海外（NYカーネギーホール、シドニー・オペラハウスほか欧米、アジア各国）での演奏活動に加え、日本音楽史、民族音楽を研究して著書を執筆、音楽大学や各種講座でのレクチャー、小・中学校での公演などで日本音楽の普及に努めている。自ら収集したアジア民族楽器を用いてのユニークな講義は定評がある。2006年 北國芸能賞受賞、2013年 金沢市文化活動賞受賞。

著書：「おもしろ日本音楽」シリーズ４巻、『音の歳時記』（東京堂出版）、『八橋検校十三の謎』（アルテス・パブリッシング）など。

論文：「雅楽曲における律音階から都節音階への推移についての考察」ほか多数。

なんてったって邦楽　おもしろ日本音楽

2019年６月10日　初版印刷
2019年６月20日　初版発行

著　者　　釣谷真弓

発行者　　金田　功

発行所　　株式会社東京堂出版
〒101-0051　東京都千代田区神田神保町1-17
電話 03-3233-3741
http://www.tokyodoshuppan.com/

DTP　　有限会社一企画

印刷・製本　中央精版印刷株式会社

ISBN978-4-490-21010-1 C0073